心を強くする!
ビジュアル伝記

中原中也のことばと人生

監修　中原豊

ポプラ社

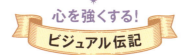

CONTENTS もくじ

✴中原《なかはら》中《ちゅう》也《や》のプロフィール

中原中也《なかはらちゅうや》　生年月日 1907年4月29日（1937年10月22日没《ぼつ》）

山口県《やまぐちけん》生まれ。少年のころから詩や短歌をつくり、文学の道を志《こころざ》す。フランスの詩人に大きな影響《えいきょう》を受け、人生のむなしさや魂《たましい》の調和へのあこがれを美しいリズムで歌い上げ、「魂《たましい》の詩人」とも呼《よ》ばれる。

サーカス小屋は高い梁《はり》（中略《ちゅうりゃく》）
ゆあーん　ゆよーん　ゆやゆよん

28

ごく自然《しぜん》に、だが自然《しぜん》に愛《あい》せるといふ《う》ことは、
そんなにたびたびあることでなく、
そしてそのことを知ることが、さ《そ》う誰《だれ》にでも許《ゆる》されてはゐ《い》ないのだ。

32

歌ふ《う》こと、歌ふ《う》ことしかありはしないのだ。

36

幼《よう》年《ねん》時《じ》
私《わたし》の上に降《ふ》る雪は　真《ま》綿《わた》のや《よ》うでありました（中略《ちゅうりゃく》）
二十四
私《わたし》の上に降《ふ》る雪は　いとしめやかになりました……

40

「これが手だ」と、「手」といふ《う》名辞《めいじ》を口にする前に
感じてゐ《い》る手、その手が深く感じられてゐ《い》ればよい。

44

秋の夜は、はるかの彼方《かなた》に、小石ばかりの、河原《かわら》があつ《っ》て、
それに陽《ひ》は、さらさらと　さらさらと射《さ》してゐ《い》るのでありました。

45

ある朝　僕《ぼく》は　空の　中に、
黒い　旗《はた》が　はためくを　見た。
はたはた　それは　はためいて　ゐ《い》たが、
音はきこえぬ　高きが　ゆゑ《え》に。

47

月夜の晩《ばん》に、ボタンが一つ　波打際《なみうちぎわ》に、落ちてゐ《い》た。
それを拾つ《っ》て、役立てようと　僕《ぼく》は思つ《っ》たわけでもないが
なぜだかそれを捨《す》てるに忍《しの》びず　僕《ぼく》はそれを、袂《たもと》に入れた。

50

子どものやう《よ》に息を吸《す》ひ《い》、大人のやう《よ》に息を吐《は》く。

54

あゝ《あ》　おまへ《え》はなにをして来たのだと……
吹《ふ》き来る風が私《わたし》に云《い》ふ《う》

55

おもへ《え》ば今年の五月には　おまへ《え》を抱《だ》いて動物園
象《ぞう》を見せても猫《にやあ》といひ《い》　鳥を見せても猫《にやあ》だつ《っ》た

56

おまへ《え》はもう静《しず》かな部屋に帰るがよい。
煥発《かんぱつ》する都会の夜々《よよ》の燈火《とうか》を後《あと》に、
おまへ《え》はもう、郊外《こうがい》の道を辿《たど》るがよい。
そして心の呟《つぶや》きを、ゆつ《っ》くりと聴《き》くがよい。

61

中原中也《なかはらちゅうや》の人生

1907年（生年）

資料編《しりょうへん》

この本の使い方

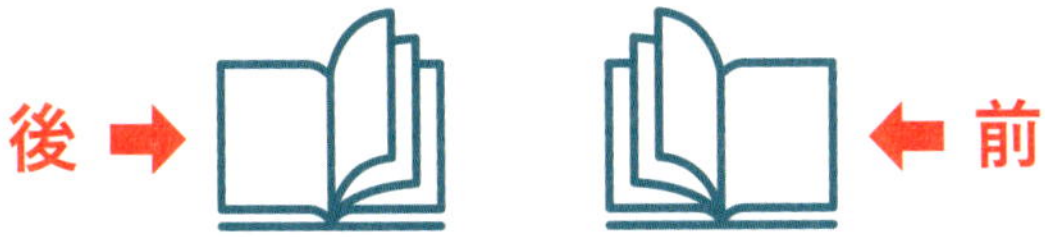

この本は、前からでも後ろからでも
読むことができます。

前の方では、中原《なかはら》中《ちゅう》也《や》のことばから生きかたを知り、生《お》い立ちもわかるようになっています。後ろの方では、中原《なかはら》中《ちゅう》也《や》が生きた時代や、かかわった人など、中原《なかはら》中《ちゅう》也《や》のことをいろいろな面から知ることができます。好《す》きな方から読んでみてください。

この本の内容《ないよう》について

- 掲載《けいさい》している「ことば」は、中原《なかはら》中《ちゅう》也《や》が発表した作品、未《み》発表《はっぴょう》の原稿《げんこう》、書簡《しょかん》や日記などから紹介《しょうかい》しています（文章の一部を抜粋《ばっすい》している場合もあります）。
- 掲載《けいさい》している「ことば」は、その前後のエピソードの時代と必《かなら》ずしも一致《いっち》していません。
- 紹介《しょうかい》しているエピソード、人物名の表記あるいは生没年《せいぼつねん》などには、諸説《しょせつ》ある場合がありますが、参考文献《さんこうぶんけん》等にもとづき紹介《しょうかい》しています。
- 年齢《ねんれい》は、生まれた年を1歳《さい》とする数え年ではなく、満年齢《まんねんれい》で示《しめ》しています。ただし、「生《お》いたちの歌」（→40ページ、41ページ）は作品のまま、数え年になっています。
- 絵は、ことばや背景《はいけい》の理解《りかい》を助けるためのイメージです。人生の細部にわたって資《し》料《りょう》がのこっているケースは少なく、想像《そうぞう》で補《おぎな》って形にしています。

中《なか》原《はら》中《ちゅう》也《や》のことば

汚《よご》れつ《っ》ちまつ《っ》た悲しみに
今日も小雪の降《ふ》りかかる
汚《よご》れつ《っ》ちまつ《っ》た悲しみに
今日も風さへ《え》吹《ふ》きすぎる

（「汚《よご》れつ《っ》ちまつ《っ》た悲しみに……」）

中《ちゅう》 也《や》の代表作の一つとされる詩のはじめの部分です。「汚《よご》れつ《っ》ちまつ《っ》た悲しみ」という印象的《いんしょうてき》な表現《ひょうげん》が詩全体で8回使われ、この詩の主役になっています。中也《ちゅうや》の人生には家族の死や大切な人との別《わか》れがたびたびおとずれ、中也《ちゅうや》の詩は傷《きず》つき悲しむ中也《ちゅうや》そのものでした。

エピソード １

山口県《やまぐちけん》に生まれる。軍医《ぐんい》の父の転勤《てんきん》で中国の旅順《りょじゅん》や広島《ひろしま》、金沢《かなざわ》に転居《てんきょ》

　詩人、中原中也《なかはらちゅうや》は、１９０７年に現在《げんざい》の山口県《やまぐちけん》山口市《やまぐちし》湯田温泉《ゆだおんせん》で生まれました。父の謙助《けんすけ》は軍医《ぐんい》で、母フクは湯田温泉《ゆだおんせん》で個人《こじん》病院を営《いとな》む中《なか》原家《はらけ》の養女《ようじょ》。中也《ちゅうや》は中原《なかはら》医院で生まれます。結婚《けっこん》７年目にさずかったはじめての子どもに、中原家《なかはらけ》の人々《ひとびと》は大喜《おおよろこ》びしました。

父はきびしい人でしたがやさしさもあり、中也《ちゅうや》が大きくなってもおぼれるのを心配して水泳を習わせなかったほどでした。また父も母も文学好《ず》きで、大人になってから外国語を学ぶ勉強家でもありました。中也《ちゅうや》はそんな両親に大切に育てられます。また、養祖父母《ようそふぼ》は熱心《ねっしん》なキリスト教《きょう》徒《と》で、中也《ちゅうや》も教会や聖書《せいしょ》に親しみました。

軍医《ぐんい》の父は転勤《てんきん》が多く、中也《ちゅうや》は6歳《さい》までの間、両親とともに中国の旅《りょ》順《じゅん》、柳樹屯《りゅうじゅとん》（現在《げんざい》の大連市《だいれんし》）、広島《ひろしま》、金沢《かなざわ》を転々《てんてん》として育ちます。その間に亜郎《つぐろう》（通称《つうしょう》は亜郎《あろう》）、恰三《こうぞう》、思郎《しろう》の3人の弟が生まれました。

中也《ちゅうや》は中原家《なかはらけ》の長男として、また中原《なかはら》医院のあとつぎとして大きな期待をかけられていました。弟たちは中也《ちゅうや》を「中也《ちゅうや》兄さま」と呼《よ》ぶようしつけられました。そうした家庭で、中也《ちゅうや》は聞き分けのよい、やさしい子どもに育ちました。

中也《ちゅうや》が7歳《さい》になる年、父は朝鮮《ちょうせん》に転勤《てんきん》になりましたが、中也《ちゅうや》は小学校入学の年だったため、母や弟たちとともに生まれ故郷《こきょう》の山口《やまぐち》でくらすことになりました。

中原中也《なかはらちゅうや》のことば

自分自身であれ。

（日記　1936年6月20日）

詩について書かれた日記の中のことばです。同じ日記で、「単《たん》なる詩的描写《してきびょうしゃ》を詩と銘打《めいう》つ《っ》たものが多すぎる」とも述《の》べています。わけもなくさびしかったりうれしかったりする、そんな自分の心を中也《ちゅうや》は純粋《じゅんすい》にそのまま詩としてあらわそうとしました。「天才とは、自分自身であつ《っ》た人のことだ」「詩は／魂《たましい》と心の暗示《あんじ》です」とも言っています。

エピソード 2

小学校時代、神童と呼《よ》ばれる。弟、亜郎《つぐろう》の死とはじめての詩作

山口《やまぐち》で中也《ちゅうや》は地元の小学校に入学します。教育熱心《ねっしん》な両親のいいつけをよく守った中也《ちゅうや》は、なんでもできる優等生《ゆうとうせい》。特《とく》に習字が上手で、お手本のような字を書きました。人々《ひとびと》からは神童（天才児《てんさいじ》）と呼《よ》ばれます。成績《せいせき》は1番でしたが、なんでもできてうぬぼれてしまうと心配した先生

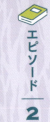

が、あえて2番をつけたほどでした。

小学校に入った翌年《よくねん》、中也《ちゅうや》のすぐ下の弟、亜郎《つぐろう》が病気で亡《な》くなります。いつも家の門で中也《ちゅうや》の帰りを待っていた弟の死に中也《ちゅうや》は心を痛《いた》め、毎日花をつんで帰ってきては仏前《ぶつぜん》にそなえていましたが、ある寒い朝、亡《な》くなった亜郎《つぐろう》の詩を書きます。教科書で読んだ昔の武士《ぶし》の別《わか》れのあいさつをヒントにして書いたものでした。この経験《けいけん》を、中也《ちゅうや》はのちに自分の詩の出発点だったとふり返っています。

この年、父謙助《けんすけ》が山口《やまぐち》にもどり、軍医《ぐんい》をやめて中原《なかはら》医院をつぎ、弟が2人生まれます。5人兄弟の長男になった中也《ちゅうや》は、5年生になる年に山《やま》口《ぐち》師範《しはん》学校附属《ふぞく》小学校（現在《げんざい》の山口《やまぐち》大学教育学部附属山口《ふぞくやまぐち》小学校）に転校しました。新しい学校でも成績優秀《せいせきゆうしゅう》だった中也《ちゅうや》は、ある授業《じゅぎょう》で教育実習生の後藤信一《ごとうしんいち》が朗読《ろうどく》した詩に感激《かんげき》します。文学青年だった後藤《ごとう》は、中《ちゅう》也《や》をかわいがり文学の話を聞かせました。中也《ちゅうや》に文学への関心《かんしん》が深まり、6年生になると雑誌《ざっし》や新聞に短歌を投稿《とうこう》しはじめましたが、両親はそれを喜《よろこ》ばず、中学受験《じゅけん》の勉強に力を入れさせました。

中原中也《なかはらちゅうや》のことば

芸術《げいじゅつ》を遊びごとだと思つ《っ》てる その心こそあは《わ》れなりけれ

（小芸術家《しょうげいじゅつか》）

中也《ちゅうや》が12歳《さい》のときの短歌で、「芸術《げいじゅつ》を遊びだとしか思えない人がいる、そんな考えかたしかできないのは気の毒《どく》だなあ」という意味です。中也《ちゅうや》はのちに芸術《げいじゅつ》について「普通《ふつう》に考へ《え》られてゐ《い》るよりも、もつ《っ》とずつ《っ》と大衆《たいしゅう》との合作になるもの」などとも述《の》べています。

エピソード 3

中学で文学に熱中《ねっちゅう》、友人らと歌集『末黒野《すぐろの》』刊行《かんこう》。成績《せいせき》が落ちて落第

中也《ちゅうや》は山口《やまぐち》県立山口《やまぐち》中学校（現在《げんざい》の山口《やまぐち》県立山口《やまぐち》高等学校）に入学しました。入学時の成績《せいせき》は約《やく》２００人中12番と優秀《ゆうしゅう》でしたが、入学後は勉強より読書に夢中《むちゅう》になり、成績《せいせき》が落ちはじめます。両親は、勉強に集中させるため中也《ちゅうや》に本を買うお金をあたえるのをやめ、住みこみの家庭

教師《きょうし》をつけました。許可《きょか》がなければ外出もできなくなった中也《ちゅうや》は、自由を求《もと》める心のはけ口としてますます文学にかたむいていきます。かくれて本屋で立ち読みをし、短歌会にも参加《さんか》するようになりました。

ちょうどそのころ、中也《ちゅうや》は学校の弁論部《べんろんぶ》に入部します。部の先輩《せんぱい》の宇《う》佐川正明《さがわまさあき》は中也《ちゅうや》と同じ新聞の短歌欄《らん》に投稿《とうこう》をしていて、2人は文学の話をするようになりました。そこに、新聞記者でやはり投稿《とうこう》をしていた吉《よし》田緒佐夢《だおさむ》が加《くわ》わり、3人は熱心《ねっしん》に短歌をつくっては議論《ぎろん》をするようになります。ただ作品をつくるだけではなく、作品や解釈《かいしゃく》について意見を戦《たたか》わせるという文学的《てき》な交流のおもしろさにふれた中也《ちゅうや》は、一気にその世界に引きこまれていきました。そして、2年生のとき、宇佐川《うさがわ》、吉田《よしだ》と合同歌集『末黒野《すぐろの》』を出版《しゅっぱん》します。

文学にのめりこんだ中也《ちゅうや》の成績《せいせき》はすっかり落ちて、3年生の時に落第してしまいます。大事な長男の落第という事件《じけん》に中原家《なかはらけ》は大さわぎになりました。文学のとりこになっていた中也《ちゅうや》は、文学を一生の仕事にしたいと望《のぞ》むようになっていきました。

中原中也《なかはらちゅうや》のことば

トタンがセンベイ食べて
春の日の夕暮《ゆうぐれ》は穏《おだや》かです
アンダースローされた灰《はい》が蒼《あお》ざめて
春の日の夕暮《ゆうぐれ》は静《しず》かです

（「春の日の夕暮《ゆうぐれ》」）

中也《ちゅうや》の創作《そうさく》ノート「ノート1924」に書かれた詩の一部です。「トタンがセンベイ食べて」「アンダースローされた灰《はい》が蒼《あお》ざめて」といった奇抜《きばつ》な表現《ひょうげん》はダダイズム詩の特徴《とくちょう》です。この詩を詩集におさめるとき、中也《ちゅうや》は題名を少し変《か》えたり、詩の中のことばを入れかえたりなどの推敲《すいこう》をしています。

エピソード 4

京都《きょうと》の立命館《りつめいかん》中学に編入《へんにゅう》。詩集『ダダイスト新吉《しんきち》の詩《し》』に傾倒《けいとう》

落第した中也《ちゅうや》は、「1か月でわかることを1年もかけて勉強するような学校にはもう行かない」と主張《しゅちょう》しましたが、父は中也《ちゅうや》を京都《きょうと》に移《うつ》り住まわせます。ここで京都《きょうと》の立命館《りつめいかん》中学（現在《げんざい》の立命館《りつめいかん》高等学校）の編《へん》入《にゅう》試験《しけん》を受けて合格《ごうかく》。両親の目の届《とど》かない京都《きょうと》の下宿で、中也《ちゅうや》は学校

に通う以外《いがい》は自由な生活をはじめます。中也《ちゅうや》はのちにこのときのことをふりかえって「生まれてはじめて両親を離《はな》れ、飛《と》び立つ思いなり」と表現《ひょうげん》しています。

京都《きょうと》でのはじめての秋、中也《ちゅうや》は偶然《ぐうぜん》手にした『ダダイスト新吉《しんきち》の詩《し》』という本を読み、その中のいくつかの詩にはげしく心を動かされました。この本は、詩人の高橋新吉《たかはししんきち》が21歳《さい》で出版《しゅっぱん》したばかりの詩集で、１９１０年代半ばからアメリカやヨーロッパで広まっていた「ダダイズム」という芸術《げいじゅつ》運動の、日本でのさきがけとなった作品です。それまでの芸術《げいじゅつ》や社会の価値観《かちかん》をくつがえす「反抗《はんこう》と挑戦《ちょうせん》」の文学と評価《ひょうか》され、斬新《ざんしん》な詩がおさめられていました。たとえば「皿」という漢字をたくさんならべて、うんざりした感じを表現《ひょうげん》した作品などがあります。中也《ちゅうや》はこの詩集とダダイズムに夢中《むちゅう》になり、ノートにダダイズム詩を書きはじめました。

このころ、関東《かんとう》地方では関東大震災《かんとうだいしんさい》が起こり、社会は大きな打撃《だげき》を受けました。それまであったものが失《うしな》われ変化《へんか》していく時代に、中也《ちゅうや》も短歌という伝統的《でんとうてき》な形式をはなれ、新しい創作《そうさく》に挑戦《ちょうせん》していたのです。

中原中也《なかはらちゅうや》のことば

私《わたし》はおまへ《え》のことを思つ《っ》てゐ《い》るよ。
いとほ《お》しい、なごやかに澄《す》んだ気持の中に、
昼も夜も浸《ひた》つ《っ》てゐ《い》るよ、
まるで自分を罪人《ざいにん》でもあるやう《よ》に感じて。

（「無題《むだい》」）

5つのまとまりで構成《こうせい》された長い詩の一部です。「おまへ《え》」は「こひ《い》人」とも呼《よ》ばれるやさしい人です。一方「私《わたし》」は「子供《こども》のやう《よ》に我儘《わがまま》」な「くだらない奴《やつ》」。そんな「私《わたし》」でも、恋人《こいびと》を思う時はおだやかになり、いたらない自分をも素直《すなお》に受け入れることができる。そんな気持ちを歌った詩です。

エピソード｜5

長谷川泰子《はせがわやすこ》と恋《こい》に落ちる。京都《きょうと》で同棲《どうせい》生活をはじめる

ダダイズムに出会ったころ、中也《ちゅうや》にもう一つの大きな出会いがありました。京都《きょうと》の町中でバイオリンをひきながら歩いていた永井叔《ながいよし》という放《ほう》浪《ろう》詩人と親しくなります。そして、永井《ながい》の紹介《しょうかい》で表現座《ひょうげんざ》という劇団《げきだん》の稽《けい》古《こ》場《ば》をおとずれた中也《ちゅうや》は、俳優《はいゆう》の長谷川泰子《はせがわやすこ》と出会ったのです。

泰子《やすこ》は広島《ひろしま》出身で、中也《ちゅうや》より3歳《さい》年上のモダンな女性《じょせい》でした。その稽《けい》古場《こば》でいろいろな人と話すうちに泰子《やすこ》にも話しかけた中也《ちゅうや》は、持ち歩いていた自作のダダイズム詩を見せました。泰子《やすこ》に「おもしろいじゃないの」と言われると、中也《ちゅうや》は身を乗り出して熱心《ねっしん》に詩について語り、それからたびたび泰子《やすこ》に会いに行くようになりました。そして、数か月後に表現座《ひょうげんざ》が解散《かいさん》して行き場をなくした泰子《やすこ》に、「ぼくの部屋に来てもいいよ」と申し出ます。こうして中也《ちゅうや》は出会ってから半年もたたずに、泰子《やすこ》といっしょにくらしはじめたのです。この時の中也《ちゅうや》は17歳《さい》になる直前、まだ親からの仕送りで生活し学校に通っている学生でした。

お金のない2人は部屋でただじっとしていることも多く、ささいなことでけんかをしたりして、泰子《やすこ》は中也《ちゅうや》とのくらしにどんよりしたものを感じることがあったといいます。しかし、泰子《やすこ》は中也《ちゅうや》が朗読《ろうどく》する詩を聞くと胸《むね》を打たれ、涙《なみだ》を流すことさえありました。

中原中也《なかはらちゅうや》のことば

サーカス小屋は高い梁《はり》
　そこに一つのブランコだ
見えるともないブランコだ
頭倒《あたまさか》さに手を垂《た》れて
　汚《よご》れ木綿《もめん》の屋蓋《やね》のもと
ゆあーん　ゆよーん　ゆやゆよん

（「サーカス」）

物の音や様子を、それに似《に》せた音で表現《ひょうげん》することばをオノマトペ（擬音語《ぎおんご》・擬態語《ぎたいご》）といいます。この詩の「ゆあーん　ゆよーん　ゆやゆよん」は中也独自《ちゅうやどくじ》のオノマトペですが、大きな弧《こ》をえがいてゆれるブランコを目に浮《う》かべることもできるでしょう。ユニークなオノマトペの例《れい》として、広く親しまれている詩です。

エピソード 6

文学仲間《なかま》との交流。富永太郎《とみながたろう》に出会い、近くに引っ越《こ》す

泰子《やすこ》といっしょにくらしはじめたころ、中也《ちゅうや》は課題《かだい》として提出《ていしゅつ》した詩をきっかけに、立命館《りつめいかん》中学で講師《こうし》をつとめていた京都《きょうと》大学の学生、冨倉《とみくら》徳次郎《とくじろう》と親しくなります。冨倉《とみくら》は文学仲間《なかま》の正岡忠三郎《まさおかちゅうざぶろう》などを中也《ちゅうや》に紹介《しょうかい》し、仲間《なかま》に入れてくれました。中也《ちゅうや》は年上の大学生たちを相手に、

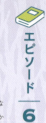

ひるむことなく文学について論《ろん》じ、彼《かれ》らを「おほ《お》きな赤ちゃん」と批判《ひはん》することさえありました。中也《ちゅうや》の率直《そっちょく》な発言は仲間《なかま》を怒《おこ》らせ、けんかになることもありましたが、冨倉《とみくら》たちは才能《さいのう》をみとめ、ダダイストと名乗るこの年下の少年を「ダダさん」と呼《よ》び、つきあってくれました。

この仲間《なかま》に、詩人で画家の富永太郎《とみながたろう》という青年が加《くわ》わります。フランス語や文学を学んで詩をつくり、絵もたしなむ芸術家《げいじゅつか》です。富永《とみなが》は中学の後輩《こうはい》の正岡《まさおか》をたよって京都《きょうと》にやってきて、中也《ちゅうや》と親しくなりました。海外経験《けいけん》もあり外国語などの知識《ちしき》も豊富《ほうふ》な富永《とみなが》は、中也《ちゅうや》にとって特別《とくべつ》な存在《そんざい》でした。中也《ちゅうや》は富永《とみなが》の下宿の近くに引っ越《こ》し、おたがいの部屋を行き来するようになります。2人は毎日のように夜遅《おそ》くまで文学について語り合いました。中也《ちゅうや》は富永《とみなが》を通してランボーやボードレールといったフランスの詩人を知り、大きな影響《えいきょう》を受け、詩の表現《ひょうげん》、文学史《ぶんがくし》、文学者たちとの交際作法《こうさいさほう》などを学びました。

そんなつきあいも、病気のために富永《とみなが》が京都《きょうと》を去ったことで終わります。富永《とみなが》から、東京《とうきょう》の文学仲間《なかま》とのつきあいを知らせる手紙を受けとった中也《ちゅうや》の気持ちは、東京《とうきょう》へひきつけられていきました。

中原中也《なかはらちゅうや》のことば

ごく自然《しぜん》に、だが自然《しぜん》に愛《あい》せるといふ《う》ことは、
そんなにたびたびあることでなく、
そしてそのことを知ることが、さ《そ》う誰《だれ》にでも
許《ゆる》されてはゐ《い》ないのだ。

（「盲目《もうもく》の秋」）

長谷川泰子《はせがわやすこ》への思いをつづったと考えられる詩の一部です。自分のもとにもどってこないかつての恋人《こいびと》に「私《わたし》の聖母《せいぼ》！」と呼《よ》びかけ、「いまさらどうしや《よ》うもないこと」とあきらめながらも変《か》わらない愛《あい》をうったえています。中也《ちゅうや》にとって、泰子《やすこ》への愛《あい》は宿命的《しゅくめいてき》なものでした。

エピソード 7

上京、富永《とみなが》の紹介《しょうかい》で小林秀雄《こばやしひでお》に会う。泰子《やすこ》が小林《こばやし》のもとへ去る

中也《ちゅうや》は立命館《りつめいかん》中学4年の修了《しゅうりょう》と同時に、泰子《やすこ》とともに東京《とうきょう》に引っ越《こ》しました。東京《とうきょう》の大学予科の入学試験《しけん》を受けるものの失敗《しっぱい》、両親から東《とう》京《きょう》の予備校《よびこう》に通う許可《きょか》を得《え》ました。

しかし中也《ちゅうや》は東京《とうきょう》でも文学に夢中《むちゅう》で、新しい文学仲間《なかま》もできました。

その一人が富永《とみなが》から紹介《しょうかい》された小林秀雄《こばやしひでお》です。小林《こばやし》は東京《とうきょう》大学でフランス文学を学ぶ学生で、雑誌《ざっし》に発表した小説《しょうせつ》で評価《ひょうか》を得《え》た若《わか》い文学者でした。小林《こばやし》に強くひかれた中也《ちゅうや》は小林《こばやし》の家の近くに引っ越《こ》し、富永《とみなが》の時のようにひんぱんに行き来するようになりました。中也《ちゅうや》は5歳《さい》年上の小林《こばやし》とも対等の友人としてつきあい、文学論《ぶんがくろん》を戦《たたか》わせます。そうした中、中也《ちゅうや》は「詩に専心《せんしん》しよう」と心を決めました。

東京《とうきょう》でくらしはじめた年の11月、療養中《りょうようちゅう》だった富永《とみなが》が亡《な》くなります。かけがえのない友の死に中也《ちゅうや》は大きなショックを受けました。富永《とみなが》の納棺《のうかん》におとずれた中也《ちゅうや》は真《ま》っ青《さお》な顔をしていたといいます。

ショックなできごとはそれだけではありませんでした。富永《とみなが》の死の直後に、恋人《こいびと》の泰子《やすこ》が他の人を好《す》きになって出て行ってしまったのです。しかもその相手は小林秀雄《こばやしひでお》でした。中也《ちゅうや》の部屋で何度も顔を合わせているうちに、2人は恋愛関係《れんあいかんけい》になっていました。中也《ちゅうや》はのちにこのできごとについて「一日一日経《た》てば経《た》つ程《ほど》、私《わたし》はたゞもう口惜《くや》しくなるのだつ《っ》た」と書き記しました。中也《ちゅうや》は孤独《こどく》でした。

中原中也《なかはらちゅうや》のことば

歌ふ《う》こと、歌ふ《う》ことしか
ありはしないのだ。

（日記　1927年1月20日）

「朝《あさ》の歌《うた》」を書いた翌年《よくねん》の日記に書かれたことばです。このことばの前には「デザイン、デザインつ《っ》て？　そんなものは犬にでも喰《くら》は《わ》せろ。」と書かれています。本格的《はんかくてき》に詩人として歩みはじめた中也《ちゅうや》は、表面的《ひょうめんてき》なものでなく心をあらわすことが大切だという詩への姿勢《しせい》を再確認《さいかくにん》していたのかもしれません。

エピソード 8

代表作「朝《あさ》の歌《うた》」を書く。アテネ・フランセでフランス語を学ぶ

泰子《やすこ》と別《わか》れてから半年ほどたった夏、中也《ちゅうや》は「朝《あさ》の歌《うた》」という詩を書きます。現在《げんざい》、中也《ちゅうや》の代表作の一つとされている作品です。中也《ちゅうや》がこの作品を最初《さいしょ》に見せたのは、あの小林《こばやし》でした。恋敵《こいがたき》という関係《かんけい》を超《こ》えて、詩の評価《ひょうか》を求《もと》めたのです。

「朝《あさ》の歌《うた》」は、かつて中也《ちゅうや》がのめりこんでいたダダイズムの詩とはまったく異《こと》なるものでした。日本の古いことばがつかわれ、ヨーロッパの詩の形式でまとめられていますが、話しことばのようなやさしさと、流れるようなリズムがあり、人生のさびしさやむなしさが美しく静《しず》かに表現《ひょうげん》されています。

中也《ちゅうや》は「朝《あさ》の歌《うた》」をつくったことで、自分のめざす詩の方向をかためました。富永《とみなが》、小林《こばやし》らとの交際《こうさい》や、泰子《やすこ》との恋《こい》、そして別《わか》れなどの経《けい》験《けん》を通して、中也《ちゅうや》は自分の詩のスタイルをつかみとったのです。『ダダイスト新吉《しんきち》の詩《し》』に出会ってから約《やく》3年、中也《ちゅうや》は19歳《さい》になっていました。

この年、中也《ちゅうや》は日本大学に入学しましたが、半年足らずで退学《たいがく》してしまいます。かわりに、語学学校のアテネ・フランセに通いはじめました。この学校で中也《ちゅうや》はフランス語を学びます。富永《とみなが》を通して知ったフランスは、中也《ちゅうや》のあこがれの世界でした。熱心《ねっしん》にフランス語を勉強した中也《ちゅうや》は、日記に「ランボオを読んでるとほんとに好《よ》い気持になれる」と書き、のちに詩の翻訳《ほんやく》も手がけるようになりました。

中原中也《なかはらちゅうや》のことば

幼年時《ようねんじ》
私《わたし》の上に降《ふ》る雪は
真綿《まわた》のやう《よ》でありました

少年時
私《わたし》の上に降《ふ》る雪は
霙《みぞれ》のやう《よ》でありました

十七――十九
私《わたし》の上に降《ふ》る雪は
霰《あられ》のやう《よ》に散《ち》りました

二十――二十二
私《わたし》の上に降《ふ》る雪は
雹《ひょう》であるかと思は《わ》れた

二十三
私《わたし》の上に降《ふ》る雪は
ひどい吹雪《ふぶき》とみえました

二十四
私《わたし》の上に降《ふ》る雪は
いとしめやかになりました……

（「生《お》ひ《い》立ちの歌」）

『白痴群《はくちぐん》』第６号に掲載《けいさい》され、よく知られている詩の前半部分です。自分の人生をふり返り、年齢《ねんれい》ごとに雪にたとえています。はじめはやわらかかった雪は、だんだんと冷《つめ》たくかたくはげしくなり、最後《さいご》にはひっそりと静《しず》かなものになります。これらの雪の表現《ひょうげん》には、両親の愛《あい》に育まれた幼少《ようしょう》時代から、文学や恋愛《れんあい》に出会ってさまざまな衝突《しょうとつ》や悲しみを経験《けいけん》した青春時代、そうした過去《かこ》をかえりみる現在《げんざい》の心《しん》情《じょう》が重ねられています。

★詩中の年齢《ねんれい》は数え年で、満年齢《まんねんれい》にすると１～２歳下《さいした》の年齢《ねんれい》。

エピソード 9

友人たちと同人誌《どうじんし》『白痴群《はくちぐん》』を創刊《そうかん》。1年後に廃刊《はいかん》

1927年の秋、中也《ちゅうや》は作曲家の諸井三郎《もろいさぶろう》とつきあいはじめました。中也《ちゅうや》は自分の詩に曲をつけてほしいと諸井《もろい》にたのみ、諸井《もろい》は「朝《あさ》の歌《うた》」「臨終《りんじゅう》」にピアノとチェロの伴奏《ばんそう》をつけた歌曲を作曲。中也《ちゅうや》はこの2曲をとても気に入り、これらは諸井《もろい》が結成《けっせい》した音楽団体《だんたい》「スルヤ」の演奏《えんそう》

会《かい》で発表されます。歌詞《かし》は「スルヤ」の機関誌《きかんし》に掲載《けいさい》され、はじめて中《ちゅう》也《や》の詩が活字で発表されました。

この年、父謙助《けんすけ》が亡《な》くなります。長男の中也《ちゅうや》をきびしく教育しつつ、16歳《さい》のころから仕送りをして生活をささえてくれたやさしい父でした。しかし、中也《ちゅうや》は葬儀《そうぎ》のとき山口《やまぐち》に帰りませんでした。当時めずらしかった長い髪《かみ》の中也《ちゅうや》が帰ることを、母のフクが止めたからです。

同じころ、小林《こばやし》と泰子《やすこ》が別《わか》れます。中也《ちゅうや》は泰子《やすこ》がもどってくることを期待しましたが、泰子《やすこ》はもどりませんでした。それでも中也《ちゅうや》は泰子《やすこ》のことを気にかけ、2人は不思議《ふしぎ》な関係《かんけい》でむすばれていました。

翌年《よくねん》、中也《ちゅうや》は河上徹太郎《かわかみてつたろう》、大岡昇平《おおおかしょうへい》、安原喜弘《やすはらよしひろ》ら9名で、同人誌《どうじんし》『白痴群《はくちぐん》』を創刊《そうかん》します。この中でもっとも積極的《せっきょくてき》に作品を発表したのは中也《ちゅうや》です。代表作の一つ「汚《よご》れつ《っ》ちまつ《っ》た悲しみに……」も、この同《どう》人誌《じんし》に発表されました。作品発表の場を得《え》て勢《いきお》いづく中也《ちゅうや》でしたが、中《ちゅう》也《や》が仲間《なかま》とけんかをしたこともきっかけになって、『白痴群《はくちぐん》』は1年で廃刊《はいかん》になってしまいます。その後の孤独《こどく》な日々《ひび》をささえたのは、同人の一人だった安原《やすはら》との交友でした。

中原中也《なかはらちゅうや》のことば

「これが手だ」と、「手」といふ《う》名辞《めいじ》を口にする前に感じてゐ《い》る手、その手が深く感じられてゐ《い》ればよい。

（「芸術論《げいじゅつろん》覚《おぼ》え書《がき》」）

私《わたし》たちは「手」ということばを知っているために、手についてよくわかっているように思いこみ、それ以《い》上《じょう》深く考えません。中也《ちゅうや》は「手」を例《れい》に、芸術《げいじゅつ》においては、ことばに置《お》きかえられる前の、心で感じていることそのものを大切にしたいと述《の》べているのです。

中原中也《なかはらちゅうや》のことば

秋の夜《よ》は、はるかの彼方《かなた》に、
小石ばかりの、河原《かわら》があつ《っ》て、
それに陽《ひ》は、さらさらと
さらさらと射《さ》してゐ《い》るのでありました。

（「一つのメルヘン」）

この詩は、中也《ちゅうや》のふるさとの吉敷川《よしきがわ》をイメージしていると言われています。「さらさら」という手ざわりをあらわすことが多いオノマトペ（→28ページ）を、手にふれることのできない日の光の表現《ひょうげん》に用いています。詩の次の段《だん》では、その光は「粉末《ふんまつ》のやう《よ》」「音を立ててもゐ《い》る」と表現《ひょうげん》され、不思議《ふしぎ》な光に満《み》ちた中也《ちゅうや》の心の中の世界が幻想的《げんそうてき》にえがきだされています。

中原中也《なかはらちゅうや》のことば

ある朝　僕《ぼく》は　空の　中に、
黒い　旗《はた》が　はためくを　見た。
はたはた　それは　はためいて　ゐ《い》たが、
音は　きこえぬ　高きが　ゆゑ《え》に。
（「曇天《どんてん》」）

この詩では、ことばとことばの間にスペースがたくさん設《もう》けられています。スペースごとに息つぎをして読んでみると、自然《しぜん》にゆっくりした読みかたになっていきます。くもり空に黒い旗《はた》が音もなくはためく様子が、スローモーションの映《えい》像《ぞう》のように心に浮《う》かんでくるようです。

エピソード 10

東京《とうきょう》外国語学校 専修科仏語《せんしゅうかふつご》で学ぶ。 母のすすめで結婚《けっこん》

『白痴群《はくちぐん》』が廃刊《はいかん》になって、しばらく中也《ちゅうや》はあまり詩を書かなくなりますが、詩の雑誌《ざっし》に以前《いぜん》書いたいくつかの作品が掲載《けいさい》されました。そんなころ、泰子《やすこ》が劇団《げきだん》の演出家《えんしゅつか》との間にできた子どもを生みます。中也《ちゅうや》はその子に茂樹《しげき》という名前をつけ、けがをしたときには薬の名前を知らせ

るなど、親身に世話をしました。

１９３１年、山口《やまぐち》で弟の恰三《こうぞう》が亡《な》くなります。将来《しょうらい》は中原《なかはら》医院をつぐことになっていた弟の早すぎる死でした。中也《ちゅうや》はこの時は山口《やまぐち》に帰って弟を見送り、その死を悼《いた》む詩を書きました。同じ年、中也《ちゅうや》は東京《とうきょう》外国語学校専修科仏語《せんしゅうかふつご》に入学、その後2年かけてフランス語を学びます。学校に通いながら、自宅《じたく》でフランス語の個人教授《こじんきょうじゅ》もはじめました。

中也《ちゅうや》はフランス語の勉強をつづけながら、詩集出版《しゅっぱん》の準備《じゅんび》もはじめていました。それまでの詩を『山羊《やぎ》の歌《うた》』という詩集にまとめ、予約《よやく》をつのりますが、出版《しゅっぱん》できるほどの資金《しきん》が集まらず、母フクの援助《えんじょ》を受けたものの、本文だけを印刷《いんさつ》して出版《しゅっぱん》は保留《ほりゅう》になってしまいました。思うようにいかない日々《ひび》に疲《つか》れた中也《ちゅうや》は体調をくずしますが、旅をしたり山《やま》口《ぐち》に帰ったりして元気をとりもどし、ふたたび熱心《ねっしん》に詩をつくりだしました。

26歳《さい》の時、母のすすめで遠い親戚《しんせき》の上野孝子《うえのたかこ》とお見合いをします。孝《たか》子《こ》はかしこく明るい人でした。２人はふるさと湯田温泉《ゆだおんせん》の旅館で披露宴《ひろうえん》をあげて結婚《けっこん》、東京《とうきょう》のアパートでくらしはじめました。

中原中也《なかはらちゅうや》のことば

月夜の晩《ばん》に、ボタンが一つ
波打際《なみうちぎわ》に、落ちてゐ《い》た。

それを拾つ《っ》て、役立てようと
僕《ぼく》は思つ《っ》たわけでもないが
なぜだかそれを捨《す》てるに忍《しの》びず
僕《ぼく》はそれを、袂《たもと》に入れた。

（「月夜の浜辺《はまべ》」）

1936年の秋ごろにつくられた詩と考えられています。この年、中也《ちゅうや》はたくさんの詩を発表して評価《ひょうか》され、詩人として充実《じゅうじつ》していました。そんな中也《ちゅうや》が、だれかが落とした一つのボタンと、それをひろって捨《す》てられない自分の姿《すがた》をえがいています。中也は何か大切なものを、ボタンと重ね合わせていたのかもしれません。

エピソード 11

長男、文也《ふみや》の誕生《たんじょう》。詩集『山羊《やぎ》の歌《うた》』刊行《かんこう》

結婚《けっこん》するとすぐ、中也《ちゅうや》は翻訳《ほんやく》詩集『ランボオ詩集《学校時代の詩》』を刊行《かんこう》します。ランボーは中也《ちゅうや》が大好《だいす》きな詩人で、日記にはたびたびランボーのすばらしさを書いています。山高帽《やまたかぼう》を低《ひく》くつぶしてかぶったり、パイプをくゆらせたりしたのもランボーの影響《えいきょう》と言われるほどです。そ

れほど好《す》きな詩人の詩集を、熱心《ねっしん》に勉強したフランス語を生かして翻訳《ほんやく》出版《しゅっぱん》することができたのです。

うれしいことがつづきます。孝子《たかこ》との間に、長男の文也《ふみや》が生まれたのです。文也《ふみや》が山口《やまぐち》で生まれたとき、中也《ちゅうや》は東京《とうきょう》にいましたが、詩集の刊《かん》行《こう》のための仕事を終えると急いで山口《やまぐち》へ帰省《きせい》。そのまま4か月ほどとどまり、ランボーの翻訳《ほんやく》をしながら文也《ふみや》のそばですごしました。文也《ふみや》がかわいくてたまらない中也《ちゅうや》は、肩車《かたぐるま》をすれば肩《かた》にかかる文也《ふみや》の重さを喜《よろこ》び、膝《ひざ》にのせた文也《ふみや》がおむつをよごしたのまで喜《よろこ》びます。文也《ふみや》のかわいさを人に話してきかせる中也《ちゅうや》の顔は、生き生きしていました。

文也《ふみや》の誕生《たんじょう》の2か月後、詩集『山羊《やぎ》の歌《うた》』が出版《しゅっぱん》されました。資金《しきん》が足らず、編集《へんしゅう》が終わってから2年ほど保留《ほりゅう》していた第一詩集の待ちに待った刊行《かんこう》です。この詩集が高い評価《ひょうか》を得《え》るとともに、中也《ちゅうや》はこれまでよりも多くの雑誌《ざっし》に詩や評論《ひょうろん》、小説《しょうせつ》を発表するようになりました。

翌年《よくねん》の夏に、中也《ちゅうや》は孝子《たかこ》、文也《ふみや》とともに東京《とうきょう》へもどり、親子3人で東《とう》京《きょう》でくらしはじめました。このころの中也《ちゅうや》は、日記に「なんにもなくても希望《きぼう》はある」と書きとめています。

中原中也《なかはらちゅうや》のことば

子どものやう《よ》に息を吸《す》ひ《い》、大人のやう《よ》に息を吐《は》く。

（河上徹太郎《かわかみてつたろう》宛《あて》書簡《しょかん》　1929年）

友人の文芸評論家《ぶんげいひょうろんか》、河上《かわかみ》徹太郎《てつたろう》にあてた手紙で、中《ちゅう》也《や》は自分の「魂《たましい》」がよい状《じょう》態《たい》だと伝《つた》え、その後このことばを書いています。心のバランスのとれた状態《じょうたい》を表《ひょう》現《げん》しているのでしょう。行きづまったり、ふり返ってばかりいたり、変《へん》に悲しくなったりせず、気持ちよく日々《ひび》を生きる中也《ちゅうや》の姿《すがた》が浮《う》かんできます。

中原中也《なかはらちゅうや》のことば

あゝ《あ》　おまへ《え》はなにをして来たのだと……
吹《ふ》き来る風が私《わたし》に云《い》ふ《う》

（「帰《き》郷《きょう》」）

この詩は、おだやかなふるさとの描写《びょうしゃ》ではじまります。ふるさとに抱《だ》きとめられているようなあたたかさの中にもどこか不安《ふあん》を感じさせる詩ですが、最後《さいご》にこのことばがまるで冷《つめ》たい水をあびせるようにあらわれるのです。中也《ちゅうや》がふるさとや家族への負い目に苦しむとともに、自分自身の詩人としての歩みをきびしく見ていたことがうかがわれます。

おもへ《え》ば今年の五月には
おまへ《え》を抱《だ》いて動物園
象《ぞう》を見せても猫《にやあ》といひ《い》
鳥を見せても猫《にやあ》だつ《っ》た

(「また来ん春……」)

亡《な》くなった長男文也《ふみや》の思い出をうたった詩の一部です。動物をみんな「猫《にやあ》」と呼《よ》んだ文也《ふみや》のかわいらしさとともに、幼《おさな》いまま亡《な》くなってしまったことへの無念《むねん》が伝《つた》わってきます。「春が来たつ《っ》て何になろ／あの子が返つ《っ》てくるぢや《じゃ》ない」となげく中也《ちゅうや》のやわらかいことばの中には、深い絶望《ぜつぼう》がこもっています。

エピソード 12

文也《ふみや》の死にショックを受ける。千葉《ちば》で療養《りょうよう》

中也《ちゅうや》は詩雑誌《ざっし》「歴程《れきてい》」「四季《しき》」の同人となり、東京にもどると本格的《ほんかくてき》に詩人として活動しはじめます。萩原朔太郎《はぎわらさくたろう》、伊東静雄《いとうしずお》、立原道造《たちはらみちぞう》ら、当時を代表する詩人と交流し、活動範囲《はんい》を広めていきました。

2冊《さつ》目の翻訳《ほんやく》詩集『ランボオ詩抄《ししょう》』を出版《しゅっぱん》し、詩「六月の雨」が第6

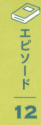

回文学界賞《しょう》の選外一席《せんがいいっせき》に入って高い評価《ひょうか》を得《え》ます。このころに書いた詩「詩人は辛《つら》い」の中の「こんな御都合《ごつごう》な世の中に歌なぞ歌は《わ》ない」ということばからは、うわべだけほめられることをこばむ、中也《ちゅうや》の文学に対する純粋《じゅんすい》な気持ちがうかがえます。

詩人としての歩みは順調《じゅんちょう》でしたが、その年の秋、文也《ふみや》が亡《な》くなります。まだ2歳《さい》のかわいい子どもを亡《な》くした中也《ちゅうや》のショックは大きく、深い悲しみにしずみました。その嘆《なげ》きは日記につづられた「文也《ふみや》の一生」と題した文章に、また「夏の夜の博覧会《はくらんかい》はかなしからずや」などの詩にあらわされました。この詩ではその年に行った博覧《はくらん》会での文也《ふみや》の様子がえがかれ、それを思い出すことが「かなしからずや（悲しくないはずがない）」と何度もくりかえされています。

文也《ふみや》の死の1か月後に、次男の愛雅《よしまさ》が生まれます。医者からこの子が健康《けんこう》なことを聞き安心した中也《ちゅうや》でしたが、新しい命の誕生《たんじょう》も、失《うしな》われた命への悲しみを打ち消すことはできませんでした。中也《ちゅうや》は心のバランスをくずし、幻覚《げんかく》や幻聴《げんちょう》が起こります。そんな中也《ちゅうや》を心配した母フクは、中也《ちゅうや》を千葉市《ちばし》の療養所《りょうようじょ》に入院させました。

中原中也《なかはらちゅうや》のことば

おまへ《え》はもう静《しず》かな部屋に帰るがよい。
煥発《かんぱつ》する都会の夜々《よよ》の燈火《とうか》を後《あと》に、
おまへ《え》はもう、郊外《こうがい》の道を辿《たど》るがよい。
そして心の呟《つぶや》きを、ゆつ《っ》くりと聴《き》くがよい。

（「四行詩」）

中也《ちゅうや》の生涯最後《しょうがいさいご》の詩です。この詩を書いたとき、中也《ちゅうや》は都会に疲《つか》れてふるさと山《やま》口《ぐち》に帰ろうとしていました。「おまへ《え》」はおそらく中也《ちゅうや》自身。どこかで死を予感しながらふるさとで自分の心と向き合おうとしていた中《ちゅう》也《や》はこの詩を書いてまもなく発病し、山口《やまぐち》に帰ることなく、鎌倉《かまくら》で亡《な》くなりました。

エピソード 13

鎌倉《かまくら》での日々《ひび》。小林《こばやし》に『在《あ》りし日《ひ》の歌《うた》』の清書《せいしょ》を託《たく》す

1937年2月。療養所《りょうようじょ》を1か月ほどで退院《たいいん》した中也《ちゅうや》は、小林《こばやし》や大岡《おおおか》が住んでいた鎌倉《かまくら》へ引っ越《こ》します。かつてのように毎日はげしく文学論《ぶんがくろん》を戦《たたか》わせるようなことはありません。散歩《さんぽ》をしたり、子どもの写真をとったり。静《しず》かな日常《にちじょう》を簡単《かんたん》な日記に書きとめました。

半年ほど鎌倉《かまくら》でくらした中也《ちゅうや》は、秋になったら山口《やまぐち》に帰ろうと決めます。関東《かんとう》での生活に疲《つか》れ、ふるさとで休みたいという気持ちになっていた中也《ちゅうや》ですが、それでも文学への情熱《じょうねつ》を失《うしな》ったわけではありませんでした。3冊《さつ》目の翻訳《ほんやく》詩集『ランボオ詩集』を出版《しゅっぱん》。フランス語の勉強も再《さい》開《かい》しました。そして、新しい詩集『在《あ》りし日《ひ》の歌《うた》』の原稿《げんこう》をまとめ、清《せい》書《しょ》を完成《かんせい》させました。

清書《せいしょ》した原稿《げんこう》を持って、中也《ちゅうや》は小林《こばやし》をたずねました。中也《ちゅうや》のひどくやつれた姿《すがた》を見た小林《こばやし》はことばを失《うしな》います。中也《ちゅうや》は、原稿《げんこう》を小林《こばやし》にあずけ、出版社《しゅっぱんしゃ》選《えら》びなどはすべてまかせる、ということを伝《つた》えました。「朝《あさ》の歌《うた》」を最初《さいしょ》に見せた時と同じように、大切な原稿《げんこう》を小林《こばやし》に託《たく》したのです。

翌月《よくげつ》、中也《ちゅうや》は結核性脳膜炎《けっかくせいのうまくえん》で鎌倉《かまくら》の病院に入院します。病状《びょうじょう》は回復《かいふく》することなく、10月22日、母や妻《つま》、文学仲間《なかま》が見守る中、息をひきとりました。30歳《さい》でした。葬儀《そうぎ》は、かつて何度もけんかをした文学仲間《なかま》たちの手でおこなわれました。中也《ちゅうや》の冷《つめ》たい額《ひたい》にふれた小林《こばやし》は、喪失感《そうしつかん》を「僕《ぼく》に一体何が納得《なっとく》出来ただろう」とあらわします。小林《こばやし》ら仲間《なかま》たちの手で、翌年《よくねん》の春、『在《あ》りし日《ひ》の歌《うた》』が刊行《かんこう》されました。

中原中也《なかはらちゅうや》の年表

CHRONOLOGY

*年齢《ねんれい》は、満年齢《まんねんれい》で示《しめ》しています。

西暦《せいれき》	年齢《ねんれい》	できごと
1907年	0	4月29日、山口県《やまぐちけん》吉敷郡《よしきぐん》山口町《やまぐちちょう》大字《おおあざ》下宇野令村《しもうのりょうむら》（現在《げんざい》の山口市《やまぐちし》湯田温泉《ゆだおんせん》）に、日本陸軍《りくぐん》の軍《ぐん》医《い》だった父謙助《けんすけ》と母フクの長男として生まれる。
1908年	1	母と祖母《そぼ》とともに中国の旅順《りょじゅん》へおもむく。父の転勤《てんきん》にともない、中国東北部の柳樹屯《りゅうじゅとん》へ。その後、山口《やまぐち》へもどる。
1909年	2	父の転勤《てんきん》にともない、広島県広島市《ひろしまけんひろしまし》へ移《うつ》り住む。
1911年	4	広島《ひろしま》女学校附属幼稚園《ふぞくようちえん》（現在《げんざい》の広島女学院ゲーンス幼稚園《ようちえん》）に入園する。
1912年	5	父の転勤《てんきん》にともない、石川県金沢市《いしかわけんかなざわし》に移《うつ》り住む。
1913年	6	北陸《ほくりく》女学校附属《ふぞく》第一幼稚園《ようちえん》（現在《げんざい》の北陸《ほくりく》学院第一幼稚園《ようちえん》）に入園する。のち、3歳下《さいした》の弟の亜郎《つぐろう》（通称《つうしょう》は亜郎《あろう》）と2人で通うようになる。
1914年	7	ふたたび山口《やまぐち》へもどり、下宇野令尋常《しもうのりょうじんじょう》高等小学校に入学する。
1915年	8	弟の亜郎《つぐろう》が亡《な》くなる。最初《さいしょ》の詩をつくる。
1917年	10	父が軍医《ぐんい》をやめて家業の中原《なかはら》医院をつぐ。
1918年	11	山口師範《やまぐちしはん》学校附属《ふぞく》小学校（現在《げんざい》の山口《やまぐち》大学教育学部附属山口《ふぞくやまぐち》小学校）に転校する。
1919年	12	このころ作文を得意《とくい》とし、自作の詩を友人に見せる。

1920年	13	雑誌《ざっし》「婦人画報《ふじんがほう》」に短歌「筆とりて」が入選《にゅうせん》する。 「防長《ぼうちょう》新聞」に短歌「冬去れよ」など3首が入選《にゅうせん》。以後《いご》、1923年まで投稿《とうこう》をつづけ、84首が入《にゅう》選《せん》する。 山口《やまぐち》県立山口《やまぐち》中学校（現在《げんざい》の山口《やまぐち》県立山口《やまぐち》高等学校）に入学する。
1922年	15	友人と合同歌集『末黒野《すぐろの》』を刊行《かんこう》し、「温泉集《おんせんしゅう》」と題して28首をおさめる。 このころ、石川啄木《いしかわたくぼく》や生田春月《いくたしゅんげつ》を愛読《あいどく》する。
1923年	16	**関東大震災《かんとうだいしんさい》が起こる。** 山口《やまぐち》中学校を成績不良《せいせきふりょう》で落第し、京都《きょうと》の立命館《りつめいかん》中学（現在《げんざい》の立命館《りつめいかん》高等学校）に転校する。 高橋新吉《たかはししんきち》の『ダダイスト新吉《しんきち》の詩《し》』を読み、ダダイズムの詩を書きはじめる。 劇団《げきだん》「表現座《ひょうげんざ》」の俳優《はいゆう》、長谷川泰子《はせがわやすこ》と出会う。
1924年	17	立命館《りつめいかん》中学で講師《こうし》をしていた冨倉徳次郎《とみくらとくじろう》の紹介《しょうかい》で富永太郎《とみながたろう》と知り合い、親交を深める。
1925年	18	長谷川泰子《はせがわやすこ》とともに東京《とうきょう》へ行く。大学受験《じゅけん》をめざすも、手続《てつづ》き上の理由で失敗《しっぱい》。 小林秀雄《こばやしひでお》と知り合う。 富永太郎《とみながたろう》が亡《な》くなる。 長谷川泰子《はせがわやすこ》が小林秀雄《こばやしひでお》のもとへと去る。
1926年	19	日本大学予科に入学する（半年足らずで退学《たいがく》する）。 「朝《あさ》の歌《うた》」を書く。 このころ、語学学校のアテネ・フランセに通う。

中原中也《なかはらちゅうや》の年表

CHRONOLOGY

西暦《せいれき》	年齢《ねんれい》	できごと
1927年	20	河上徹太郎《かわかみてつたろう》と知り合う。 河上徹太郎《かわかみてつたろう》の紹介《しょうかい》で諸井三郎《もろいさぶろう》と知り合い、音楽団体《だんたい》「スルヤ」との交流をはじめる。
1928年	21	大岡昇平《おおおかしょうへい》と知り合う。 スルヤ第2回発表演奏会《えんそうかい》で諸井三郎《もろいさぶろう》作曲の歌曲「朝《あさ》の歌《うた》」「臨終《りんじゅう》」が初演《しょえん》される。 父謙助《けんすけ》が亡《な》くなる。 安原喜弘《やすはらよしひろ》と知り合う。
1929年	22	同人誌《どうじんし》『白痴群《はくちぐん》』創刊《そうかん》。以後《いご》、翌年《よくねん》の6号で廃刊《はいかん》になるまで詩や評論《ひょうろん》を毎号発表する。
1930年	23	中央大学予科に入学する。
1931年	24	東京《とうきょう》外国語学校に入学する。 弟の恰三《こうぞう》が亡《な》くなり、葬儀《そうぎ》のために山口《やまぐち》へ帰省《きせい》する。
1932年	25	『山羊《やぎ》の歌《うた》』の編集《へんしゅう》を終える。 坂口安吾《さかぐちあんご》と知り合う。
1933年	26	東京《とうきょう》外国語学校を修了《しゅうりょう》する。 坂口安吾《さかぐちあんご》らの紹介《しょうかい》で、同人誌《どうじんし》「紀元《きげん》」に加《くわ》わる。 遠縁《とおえん》にあたる上野孝子《うえのたかこ》と結婚《けっこん》する。 『ランボオ詩集《学校時代の詩》』を刊行《かんこう》する。

1934年	27	長男の文也《ふみや》が生まれる。 太宰治《だざいおさむ》と知り合う。 詩集『山羊《やぎ》の歌《うた》』を刊行《かんこう》する。
1935年	28	小林秀雄《こばやしひでお》が編集責任者《へんしゅうせきにんしゃ》となった雑誌《ざっし》「文学界」に、詩や評論《ひょうろん》をあいついで発表する。 同人誌《どうじんし》「歴程《れきてい》」に加《くわ》わる。 同人誌《どうじんし》「四季《しき》」に加《くわ》わる。
1936年	29	『ランボオ詩抄《ししょう》』を刊行《かんこう》する。 長男の文也《ふみや》が亡《な》くなる。その衝撃《しょうげき》で心身を病《や》む。 次男の愛雅《よしまさ》が生まれる。
1937年	30	千葉市《ちばし》の療養《りょうよう》所に入院する。約《やく》1か月で退院《たいいん》。 『ランボオ詩集』を刊行《かんこう》する。 『在《あ》りし日《ひ》の歌《うた》』の編集《へんしゅう》・清書《せいしょ》を終え、原稿《げんこう》を小林秀雄《こばやしひでお》に託《たく》す。 鎌倉養生院《かまくらようじょういん》に入院し、10月22日、結核性脳膜炎《けっかくせいのうまくえん》という病気で亡《な》くなる。
1938年		次男の愛雅《よしまさ》が亡《な》くなる。 詩集『在《あ》りし日《ひ》の歌《うた》』が刊行《かんこう》される。

WEB

中原中也記念館
https://chuyakan.jp/

この本の使い方

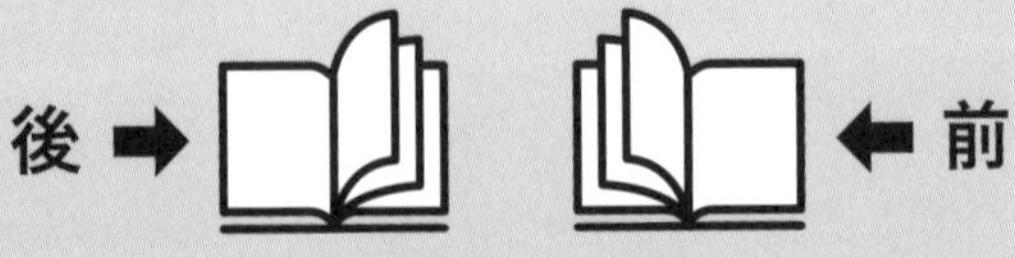

**この本は、前からでも後ろからでも
読むことができます。**

前の方では、中原中也《なかはらちゅうや》のことばから生きかたを知り、生《お》い立ちもわかるようになっています。後ろの方では、中原中也《なかはらちゅうや》が生きた時代や、かかわった人など、中原中也《なかはらちゅうや》のことをいろいろな面から知ることができます。好《す》きな方から読んでみてください。

参考文献《さんこうぶんけん》

書籍

『出会い?　発見?!　感動!!　中也読本　第二版』中原中也記念館 編　2018年

『中原中也　沈黙の音楽』佐々木幹郎 著　2017年（岩波書店）

『中也を読む　詩と鑑賞』中村稔 著　2014年（青土社）

『中原中也　その頃の生活／日記（一九三六年）他』中原中也 著　2012年（日本図書センター）

『中原中也とランボー』宇佐美斉 著　2011年（筑摩書房）

『中原中也の時代』長沼光彦 著　2011年（笠間書院）

『永遠の詩04　中原中也』高橋順子 選・鑑賞解説　2010年（小学館）

『名言　中原中也』彩図社文芸部 編纂　2010年（彩図社）

『中原中也全詩集』　2007年（角川ソフィア文庫）

『中原中也を読む』佐藤泰正 編　2006年（笠間書院）

『新編中原中也全集』　2000年（角川学芸出版）

『年表作家読本　中原中也』青木健 編著　1993年（河出書房新社）

『中原中也』大岡昇平 著　1989年（講談社文芸文庫）

『新潮日本文学アルバム30　中原中也』　1985年（新潮社）

『中原中也詩集』大岡昇平 編　1981年（岩波文庫）

『私の上に降る雪は　わが子中原中也を語る』中原フク 述・村上護 編　1981年（講談社文庫）

『中原中也の手紙』安原喜弘 編著　1979年（玉川大学出版部）

『ゆきてかへらぬ　中原中也との愛』長谷川泰子 述・村上護 編　1974年（講談社）

雑誌・ムック

『NHK 100分de名著 2017年1月　中原中也詩集　太田治子』　2017年（NHK出版）

『別冊太陽　日本のこころ146　中原中也　魂の詩人』　2007年（平凡社）

Cinema 男女3人の愛《あい》と青春をえがいたドラマ

『ゆきてかへ《え》らぬ』

長谷川泰子《はせがわやすこ》と中也《ちゅうや》、小林秀雄《こばやしひでお》といった、実在《じつざい》した男女３人の関係《かんけい》を題材《だいざい》にした 2025 年２月公開の映画《えいが》です。泰子《やすこ》を中心に、芸術《げいじゅつ》と恋《こい》に青春をささげる３人の日々《ひび》がえがかれます。泰子《やすこ》の装《よそお》いや街《まち》や部屋のようすなどからは、中也《ちゅうや》が生きた大正《たいしょう》から昭和《しょうわ》という時代の雰囲気《ふんいき》を知ることができるでしょう。

©2025「ゆきてかへらぬ」製作委員会/配給：キノフィルムズ

Web

中原中也記念館《なかはらちゅうやきねんかん》

https://chuyakan.jp/

中也《ちゅうや》のふるさと山口県山口市《やまぐちけんやまぐちし》にある中原中也記念館《なかはらちゅうやきねんかん》のウェブサイトです。過去《かこ》に開催《かいさい》した中也《ちゅうや》に関《かん》する展示《てんじ》や企画《きかく》の記録《きろく》が閲覧《えつらん》できるほか、記念館《きねんかん》が所蔵《しょぞう》している資料《しりょう》の検索《けんさく》などができます。

Book ★★★ 中也《ちゅうや》の詩を人生と重ねて味わう

『NHK《エヌエイチケー》 100分de名著《めいちょ》 2017年1月
中原中也《なかはらちゅうや》詩集　太田治子《おおたはるこ》』

NHK出版、2017年

ＮＨＫ《エヌエイチケー》のテレビ番組「100分de名《めい》著《ちょ》」の、テキスト。著者《ちょしゃ》は文豪《ぶんごう》太宰治《だざいおさむ》の娘《むすめ》でもある作家の太田治子《おおたはるこ》さんで、中也《ちゅうや》の人生を追いながら、その時々《ときどき》につくられた代表的《だいひょうてき》な詩を紹介《しょうかい》しています。中《ちゅう》也《や》の人間関係《かんけい》などもふまえたていねいな詩の解説《かいせつ》は、詩を鑑賞《かんしょう》する際《さい》のよい手引きになるでしょう。かかわりの深い人々《ひとびと》やキーワードについての注もたくさんあり、中也《ちゅうや》の人と作品を理解《りかい》するのに適《てき》した１冊《さつ》。

Book ★★★ 中也《ちゅうや》の詩をすべておさめた文庫本

『中原中也《なかはらちゅうや》全詩集』

中原中也 著

詩集『山羊《やぎ》の歌《うた》』『在《あ》りし日《ひ》の歌《うた》』をはじめ、ノートなどに書きとめられたまま未発表《みはっぴょう》だった作品なども網羅《もうら》した中也《ちゅうや》の全詩集です。約《やく》800ページの文庫本におさめられた詩はおよそ370篇《へん》。現《げん》存《そん》しない「ダダ手帖《てちょう》」に書かれていたとされる2篇《へん》の詩もおさめられています。巻末《かんまつ》には語註《ごちゅう》がついていて、詩に出てくるむずかしいことばの読みや意味を調べることができ、鑑賞《かんしょう》を助けてくれます。

KADOKAWA／
角川ソフィア文庫、2007年

Book ★☆☆ テーマで読む中也《ちゅうや》の詩

『汚《よご》れつ《っ》ちまつ《っ》た悲しみに……』

中原中也 著　佐々木幹郎 編

中也《ちゅうや》の詩をテーマごとにまとめたアンソロジーです。「生きる」「恋《こい》する」「悲しむ」の3章に分けて中也《ちゅうや》の詩を集めています。同じ「恋《こい》」の詩でも、表現《ひょうげん》の方法《ほうほう》や伝《つた》わってくる心情《しんじょう》がまったく異《こと》なる詩があるなど、テーマ別《べつ》詩集ならではの発見があります。『山羊《やぎ》の歌《うた》』『在《あ》りし日《ひ》の歌《うた》』におさめられていない詩も選《えら》ばれているので、「中也《ちゅうや》をもっと知りたい！」という人にもぴったりです。

KADOKAWA/角川文庫、2016年

Book ★☆☆ 見て楽しめる中也《ちゅうや》の詩

『詩集『山羊《やぎ》の歌《うた》』より』

中原中也 著　まくらくらま イラスト

立東舎、2022年

画集としても楽しめる文学シリーズ「乙女《おとめ》の本棚《ほんだな》」の1冊《さつ》です。中也《ちゅうや》が生きている間に出版《しゅっぱん》した唯一《ゆいいつ》の詩集『山羊《やぎ》の歌《うた》』から15篇《へん》の詩をおさめています。表紙には山羊《やぎ》を抱《だ》いている、中也《ちゅうや》を思わせる黒服の少年。本文の詩には、美しくあやうい幻想的《げんそうてき》なイラストがえがかれていて、中也《ちゅうや》の夢《ゆめ》をのぞき見ているようです。詩が好《す》きな人はもちろん、絵が好《す》きな人にも楽しめる中也《ちゅうや》詩集です。

WANT TO KNOW! ✴ NAKAHARA CHUYA

もっと知りたい！

中《なか》原《はら》中《ちゅう》也《や》

中原《なかはら》中《ちゅう》也《や》への理解《りかい》をもっと深めるために編集部《へんしゅうぶ》オススメの本や映画《えいが》などを紹介《しょうかい》します。ぜひ参考《さんこう》にしてみてください。

Book	本	★☆☆	次の1冊《さつ》にオススメ。
Cinema	映画《えいが》	★★☆	中高生レベル。読みやすい。
Web	ウェブサイト	★★★	専門的《せんもんてき》だけど、外せない1冊《さつ》。

Book　★☆☆　中也《ちゅうや》作品の鑑賞《かんしょう》の第一歩として

『日本語を味わう名詩入門　⑥中原中也《なかはらちゅうや》』

萩原昌好 編　出久根育 絵

中《ちゅう》也《や》の代表的《だいひょうてき》な作品を鑑賞《かんしょう》できる本です。「サーカス」「汚《よご》れつ《っ》ちまつ《っ》た悲しみに……」「一つのメルヘン」など、24篇《へん》がおさめられています。中也《ちゅうや》の詩にはむずかしいことばも使われていますが、注がついているので、小学生でも一人で読むことができます。作品にはていねいな鑑賞《かんしょう》と解説《かいせつ》の文章がそえられていて、「中也《ちゅうや》の詩を読んでみたいな」という人の最初《さいしょ》の一歩としておすすめの１冊《さつ》です。

あすなろ書房、2011年

悩《なや》みながら生きる高校生の心の内を、中也《ちゅうや》の詩に託《たく》して表現《ひょうげん》

『浅田弘幸《あさだひろゆき》作品集 2 眠兎《みんと》』

浅田弘幸 著　　（デジタル版《ばん》）

集英社文庫、2009年

表題作品の『眠兎《みんと》』は、2人の高校生、空木眠兎《うつぎみんと》と小泉《こいずみ》時雨《しぐれ》のかかわりを軸《じく》に、痛《いた》みをともなう青春をえがいた漫画《まんが》です。中也《ちゅうや》本人が登場するわけではありませんが、各話《かくわ》は中也《ちゅうや》の詩がモチーフになっていて、生きる時代や状況《じょうきょう》がちがっているのに、登場人物の悩《なや》みやさびしさが中也《ちゅうや》の詩を通して巧《たく》みに表現《ひょうげん》されています。

作者は、中也《ちゅうや》の詩を読んだとき、「悲しみに焼《や》かれてしまう」と感じたといいます。中也《ちゅうや》の詩をどんなふうに理解《りかい》したのか、漫画《まんが》を通して伝《つた》わってきます。

天国でも中也《ちゅうや》は問題児《もんだいじ》!?　文豪《ぶんごう》たちのドタバタコメディー

『文豪失格《ぶんごうしっかく》』

千船翔子 著　一柳廣孝 監修　AIR AGENCY・フロンティアワークス 原作

実業之日本社、2015年

天国にいる夏目《なつめ》漱石《そうせき》や芥川《あくたがわ》龍之介《りゅうのすけ》といった文豪《ぶんごう》たちが、婚活《こんかつ》をしたり秋葉原《あきはばら》へ遊びに行ったりしてはさまざまな騒動《そうどう》を引き起こすというギャグ漫画《まんが》です。

この作品に登場する中也《ちゅうや》はお酒を飲んではケンカを売るトラブルメーカー、でも意外と純情《じゅんじょう》……というキャラクターで登場します。実際《じっさい》にあったエピソードなども用いられていて、中也《ちゅうや》が太宰《だざい》に「青鯖《あおさば》」と悪態《あくたい》をつく場面もユーモアたっぷりにえがかれています。

創作《そうさく》で活躍《かつやく》する中也《ちゅうや》

当時の文学作品だけでなく、
若《わか》い世代に人気を集める現代《げんだい》の創作《そうさく》にも中也《ちゅうや》の影響《えいきょう》を見ることができます。
漫画《まんが》やアニメならではの表現《ひょうげん》で楽しめる、さまざまな中也《ちゅうや》の姿《すがた》を見ていきましょう。

KADOKAWA

文豪《ぶんごう》と同じ名前を持つキャラクターたちが
「異能《いのう》」を武器《ぶき》にバトルを展開《てんかい》。中也《ちゅうや》も参戦《さんせん》！

『文豪《ぶんごう》ストレイドッグス』

朝霧カフカ 原作
春河35 漫画

中島敦《なかじまあつし》や太宰治《だざいおさむ》など実在《じつざい》する文豪《ぶんごう》と同じ名前を持つキャラクターたちが、現代《げんだい》の横浜《よこはま》を舞台《ぶたい》に、それぞれの「異能《いのう》」を武器《ぶき》に戦《たたか》うアクション漫画《まんが》。2025 年 2 月現在《げんざい》、単行本《たんこうぼん》が 26 巻《かん》まで刊行中《かんこうちゅう》で、アニメや小説《しょうせつ》にもなっている人気作品です。

中也《ちゅうや》は、中島《なかじま》や太宰《だざい》の属《ぞく》する「武装探偵社《ぶそうたんていしゃ》」と対立する「ポートマフィア」の一員として登場します。中也《ちゅうや》の異能《いのう》「汚《よご》れつ《っ》ちまつ《っ》た悲しみに」は、「ふれたものの重力のベクトルと強さをあやつる」というもの。トレードマークは黒い帽子《ぼうし》です。嫌《きら》いなものは「太《だ》宰治《ざいおさむ》」ですが、それには深いわけが…。2 人の間にどんな物語があるのでしょうか。

アニメ『文豪《ぶんごう》ストレイドッグス』に登場する中原中也《なかはらちゅうや》。

最期《さいご》の日々《ひび》をすごした地
鎌倉市《かまくらし》

長男文也《ふみや》を亡《な》くして心身を病んだ中也《ちゅうや》は、当時小林秀雄《こばやしひでお》や大岡昇平《おおおかしょうへい》が住んでいた鎌倉《かまくら》の扇ガ谷《おうぎがやつ》へと移《うつ》りました。静《しず》かな生活がはじまり、日記には日々《ひび》の買い物のことや、八幡《はちまん》通りでようかんを食べたこと、鶴岡八幡宮《つるがおかはちまんぐう》の境内《けいだい》で空気銃《くうきじゅう》で遊んだことなどが淡々《たんたん》と記されています。鎌倉《かまくら》の妙本寺《みょうほんじ》の境内《けいだい》にはカイドウの立派《りっぱ》な木があり、中也《ちゅうや》は小《こ》林《ばやし》とともにこの花を見に行きました。小林《こばやし》、大岡《おおおか》と３人で八幡宮《はちまんぐう》から扇ガ谷《おうぎがやつ》へ山を越《こ》えて歩くこともありました。

日記に「鎌倉《かまくら》はがらんとした所なり」と書いた中也《ちゅうや》でしたが、ふるさと山口《やまぐち》に帰ることなく、結核性脳膜炎《けっかくせいのうまくえん》を発病して鎌倉養生院《かまくらようじょういん》に入院し、ここで亡《な》くなりました。

妙本寺《みょうほんじ》境内《けいだい》のカイドウ。

詩人としての「戦場《せんじょう》」

東京《とうきょう》

中学校卒業後《そつぎょうご》、東京《とうきょう》に移《うつ》った中《ちゅう》也《や》は詩に生きることを決意。その中で生み出した「朝《あさ》の歌《うた》」にはのちに曲がつけられ、現在《げんざい》の新宿区《しんじゅくく》にある日本青年館で演奏《えんそう》されました。フランス詩を愛《あい》した中也《ちゅうや》はフランス語にも取り組み、神田三崎町《かんだみさきちょう》の語学学校アテネ・フランセに通います。多くの文学仲間《なかま》とつきあい、お酒を飲んで文学談義《だんぎ》をしましたが、酔《よ》って町会議員《ぎいん》の家に石を投げ、警察署《けいさつしょ》に留置《りゅうち》されたこともありました。

詩にうちこんで定職《ていしょく》につかず、現《げん》在《ざい》の杉並区《すぎなみく》、中野区《なかのく》、渋谷区《しぶやく》など気ままに引っ越《こ》しをくりかえした中也《ちゅうや》でしたが、結婚《けっこん》後は四谷区《よつやく》（現在《げんざい》の新宿区《しんじゅくく》）のアパートに落ち着き、子どもが生まれると牛込区市ヶ谷《うしごめくいちがや》（現在《げんざい》の新宿区《しんじゅくく》）の広い借家《しゃくや》へ引っ越《こ》しました。

1913年創立《そうりつ》のアテネ・フランセは現存《げんそん》する日本最古《さいこ》のフランス語学校で、中也《ちゅうや》もここで学んだ。

1925年に開館した日本青年館。
現在《げんざい》の建物《たてもの》は、2017年に新たに建《た》てられたもの。

恋人《こいびと》と友と すごした 青春の町
京都《きょうと》

山口《やまぐち》中学校を落第した中也《ちゅうや》は、京都《きょうと》の立命館《りつめいかん》中学（現在《げんざい》の立命館《りつめいかん》高等学校）に転校し、16歳《さい》から18歳《さい》にかけての2年を京都《きょうと》ですごしました。中也《ちゅうや》の運命を変《か》えた『ダダイスト新吉《しんきち》の詩《し》』と出会った古本屋は丸太町《まるたまち》にありました。長谷川泰子《はせがわやすこ》といっしょにくらしはじめたのは、北区大将軍《きたくたいしょうぐん》西町の下宿です。文学を通じて京都《きょうと》大学の学生らと交流し、その紹介《しょうかい》で富永太郎《とみながたろう》と親しくなると、富永《とみなが》の住まいの近く上京区《かみぎょうく》中筋通《なかすじどおり》に引っ越《こ》します。

中筋通《なかすじどおり》の部屋には中也《ちゅうや》らが「スペイン窓《まど》」と呼《よ》んだ窓《まど》があり、中也《ちゅうや》をたずねてきた文学仲間《なかま》は、外からこの窓《まど》に向かって「いるかい」と声をかけたといいます。中也《ちゅうや》は、泰子《やすこ》や友人たちと京都《きょうと》の町を歩きまわり、文学や芸術《げいじゅつ》について語り合いました。

中也《ちゅうや》が泰子《やすこ》とくらした下宿の近く、北区大将軍《きたくたいしょうぐん》にある地蔵院（椿寺）《じぞういんつばきでら》。

中也《ちゅうや》が住んでいた当時の中筋通《なかすじどおり》の下宿。建物《たてもの》2階側面《そくめん》に見えるのが「スペイン窓《まど》」。

（提供：中原中也記念館）

兼六園《けんろくえん》は17世紀《せいき》中期につくられた日本庭園。中也《ちゅうや》は1932年に金沢《かなざわ》をおとずれたときにも来訪《らいほう》している。

中也《ちゅうや》が通っていた北《ほく》陸《りく》女学校附属《ふぞく》第一幼《よう》稚園《ちえん》（現在《げんざい》の北陸《ほくりく》学院第一幼稚園《ようちえん》）の記念碑《きねんひ》。

幼《おさな》いころの思い出の場所

金沢市《かなざわし》

中也《ちゅうや》は５歳《さい》から６歳《さい》にかけての１年半ほどを、父謙助《けんすけ》の赴任《ふにん》先である金沢《かなざわ》ですごしました。金《かな》沢《ざわ》は加賀《かが》百万石と呼《よ》ばれて栄《さか》えた加賀藩《かがはん》の城下町《じょうかまち》で、金沢城《かなざわじょう》を中心にたくさんのお寺などものこる歴史《れきし》ある町です。

中也《ちゅうや》が住んだのは市街地《しがいち》を流れる犀川《さいがわ》に面した家でした。日本三名園の一つである兼六園《けんろくえん》近くの幼稚園《ようちえん》に通っていた中也《ちゅうや》は、ある時、通園の途《と》中《ちゅう》にある犀川《さいがわ》の水かさが雪どけでふえているのを見て「橋が落ちる」とこわがり、大人になってもその水の音をはっきり覚《おぼ》えていました。中也《ちゅうや》は金《かな》沢《ざわ》で映画《えいが》を見たり、父につれられてサーカスを見に行ったりした思い出も書き残《のこ》しています。

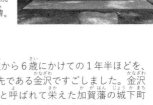

中国地方有数の温泉街《おんせんがい》である湯田《ゆだ》温泉《おんせん》の町中には、白いキツネの伝《でん》説《せつ》にちなんだ像《ぞう》なども見られる。

中也《ちゅうや》の生家跡《あと》に建《た》てられた中原中也記念館《なかはらちゅうやきねんかん》では、中也《ちゅうや》の直筆原稿《じきひつげんこう》や遺品《いひん》など貴重《きちょう》な資料《しりょう》を通じて中也《ちゅうや》の詩の世界を紹介《しょうかい》する企《き》画展《かくてん》を常時開催《じょうじかいさい》している。
(提供:中原中也記念館)

敷地内《しきちない》には、中也《ちゅうや》の生誕地《せいたんち》であることをしめす石碑《せきひ》が建《た》つ。
(提供:中原中也記念館)

LET'S VISIT NAKAHARA CHUYA

中原中也《なかはらちゅうや》を旅しよう

遠かったふるさと
山口市《やまぐちし》
湯田温泉《ゆだおんせん》

中《ちゅう》也《や》のふるさと湯田《ゆだ》は、白いキツネが傷《きず》をいやしたという伝説《でんせつ》のある古い温泉街《おんせんがい》です。中《ちゅう》也《や》が生まれ、父謙助《けんすけ》が医師《いし》をつとめた中原《なかはら》医院は、湯田温泉駅《ゆだおんせんえき》から歩いて10分ほどのところにありました。北東部にある権現山《ごんげんやま》は少年時代の中也《ちゅうや》の隠《かく》れ家《が》で、大人になってからは息子の文也《ふみや》を肩車《かたぐるま》して登ったお気に入りの場所です。

吉敷川《よしきがわ》は中原家《なかはらけ》の墓地《ぼち》の近くを流れる川で、水量が少ないときは水が地下を流れるため水無《みずなし》川《がわ》とも呼《よ》ばれました。弟亜郎《つぐろう》のお墓参《はかまい》りに通っていた中也《ちゅうや》は吉敷川《よしきがわ》に親しみ、「一つのメルヘン」はこの川のイメージをもとにつくられたと言われます。

権現山《ごんげんやま》の山頂《さんちょう》にある熊野《くまの》神社。

1933年、中也《ちゅうや》は遠い親戚《しんせき》の上野孝子《うえのたかこ》とお見合い結婚《けっこん》をした。中也《ちゅうや》26歳《さい》、孝子《たかこ》は20歳《さい》の時だった。

（提供：中原中也記念館）

中原中也《なかはらちゅうや》が生きた時代 3

1926年～

きびしい弾圧《だんあつ》と大衆《たいしゅう》の文学

昭和《しょうわ》時代に入るころには、社会の混乱《こんらん》をしずめるために警察《けいさつ》や軍部《ぐんぶ》が力を強め、大正《たいしょう》時代にさかんになった民主主義《みんしゅしゅぎ》運動なども、きびしく制限《せいげん》されるようになりました。1925年には治安維持法《ちあんいじほう》が制定《せいてい》され、主に社会運動のとりしまりや思想の弾圧《だんあつ》に利用《りよう》されました。

文学も、こうした状況《じょうきょう》と無縁《むえん》ではありませんでした。このころ、労働者《ろうどうしゃ》の生活に焦点《しょうてん》をあてたプロレタリア文学が生まれ、文学を通して労働者《ろうどうしゃ》の生活や社会の構造《こうぞう》を改革《かいかく》することを試《こころ》みましたが、きびしい弾圧《だんあつ》を受け、代表的《だいひょうてき》な作家である小林多喜二《こばやしたきじ》が警察《けいさつ》による拷問《ごうもん》で亡《な》くなるという事件《じけん》も起きています。一方、吉川英治《よしかわえいじ》の時代小説《しょうせつ》、江戸川乱歩《えどがわらんぽ》の推理小説《すいりしょうせつ》など娯楽性《ごらくせい》の高い作品が、当時続々《ぞくぞく》と創刊《そうかん》されていた大衆雑誌《たいしゅうざっし》などに連載《れんさい》され人気を得《え》ました。

詩の分野では、「四季《しき》」「歴程《れきてい》」といった専門雑誌《せんもんざっし》が創刊《そうかん》され、三好達治《みよしたつじ》、立原道造《たちはらみちぞう》、草野心平《くさのしんぺい》らが活躍《かつやく》しました。中也《ちゅうや》が精力的《せいりょくてき》に活動したのもこの時期です。

警察《けいさつ》の拷問《ごうもん》で亡《な》くなった小林多喜二《こばやしたきじ》の遺体《いたい》を前に打ちしずむ仲間《なかま》たち。

中学3年生ごろの中也《ちゅうや》(左)。いっしょに写っているのは中学生時代の家庭教《きょう》師《し》、村重正夫《むらしげまさお》。
(提供:中原中也記念館)

高橋新吉《たかはししんきち》『ダダイスト新吉《しんきち》の詩』(中央《ちゅうおう》美《び》術《じゅつ》社《しゃ》)。1923年に刊《かん》行《こう》されたこの詩集は、若《わか》い中也《ちゅうや》に大きな衝撃《しょうげき》をあたえた。
(提供:中原中也記念館)

中原中也《なかはらちゅうや》が生きた時代 2

1914年〜

大正《たいしょう》時代、「人間」をえがく試《こころ》み

大正《たいしょう》時代に入ると、日本は第一次世界大戦《たいせん》に勝利《しょうり》して世界の大国の一つとなりました。生活の洋式化が進み、教育の普及《ふきゅう》によって読書などの文化も市民《しみん》に広がります。大正《たいしょう》デモクラシーと呼《よ》ばれる民主主義《みんしゅしゅぎ》運動がさかんになり、人権《じんけん》への関心《かんしん》が高まりました。しかし、1923年に起きた関東大震災《かんとうだいしんさい》によって、豊《ゆた》かで華《はな》やかだった社会情勢《じょうせい》が一変《いっぺん》。時代の流れは不安定《ふあんてい》になっていきます。

文学では、自然主義《しぜんしゅぎ》への反発がつづいていました。理想や個性《こせい》の尊重《そんちょう》をかかげた白樺派《しらかばは》の武者小路実篤《むしゃのこうじさねあつ》、志賀直哉《しがなおや》らが活躍《かつやく》します。また、現実《げんじつ》を知性《ちせい》によってとらえようとする新現実主義《しんげんじつしゅぎ》の芥川龍之介《あくたがわりゅうのすけ》が、人間の心をするどい目で見つめる作品を次々《つぎつぎ》に発表しました。評論《ひょうろん》活動も活発になり、小林秀雄《こばやしひでお》らが活躍《かつやく》する環境《かんきょう》が整います。詩では、口語自由詩を確立《かくりつ》させた萩原朔太郎《はぎわらさくたろう》、高村光太郎《たかむらこうたろう》や、独自《どくじ》の作風を確立《かくりつ》した室生犀星《むろうさいせい》、宮沢賢治《みやざわけんじ》らがすぐれた詩集を出版《しゅっぱん》しました。こうした文学者たちの活躍《かつやく》を背景《はいけい》に、中也《ちゅうや》も文学に目覚《めざ》めて詩人を志《こころざ》し、激動《げきどう》の青春時代をすごしていました。中也《ちゅうや》がダダイズムに出会ったのもこのころです。

1923年の関東大震災《かんとうだいしんさい》では、東京《とうきょう》を中心に関東《かんとう》地方全域《ぜんいき》で大きな被害《ひがい》が出た。

明治《めいじ》時代を代表する作家の森鷗外《もりおうがい》（右）。軍医《ぐんい》として日露《にちろ》戦争《せんそう》にも従軍《じゅうぐん》した鷗外《おうがい》は、中《ちゅう》也《や》の父謙助《けんすけ》が通った軍医《ぐんい》学校の校長でもあった。

1910年ごろ、軍医《ぐんい》の父謙助《けんすけ》と母フク、中也《ちゅうや》（3歳《さい》ごろ）。
（提供：中原中也記念館）

中原中也《なかはらちゅうや》が生きた時代 1

1907年～

近代化が進む日本と文学の夜明け

1904年、大国ロシアに宣戦布告《せんせんふこく》して翌年勝利《よくねんしょうり》した日本は、中也《ちゅうや》が生まれるころにはアジアの有力国となっていました。日露戦争《にちろせんそう》後の日本は中国大陸《ちゅうごくたいりく》への影《えい》響力《きょうりょく》をさらに強め、1910年には韓国《かんこく》を併合《へいごう》しています。中也《ちゅうや》の父謙助《けんすけ》も軍医《ぐんい》として日露戦争《にちろせんそう》に従軍《じゅうぐん》し、戦後《せんご》には、中国《ちゅうごく》の旅順《りょじゅん》や朝鮮《ちょうせん》で勤務《きんむ》しました。生後半年の中也《ちゅうや》も、母と祖母《そぼ》につれられて旅順《りょじゅん》におもむいたことがあります。

国内では内閣制度《ないかくせいど》など近代的《きんだいてき》な政治《せいじ》のしくみや工業が発達《はったつ》し、社会の近代化が進んでいました。文学も、江戸《えど》時代の流れを受けついだ伝統的《でんとうてき》なものから大きな変化《へんか》をとげていました。島崎藤村《しまざきとうそん》や田山花袋《たやまかたい》をはじめ、生活や人間をありのままえがきだそうとする「自然主義《しぜんしゅぎ》」の作家が活躍《かつやく》しました。その後、自然主義《しぜんしゅぎ》に反発する動きが起こり、夏目漱石《なつめそうせき》や森鷗外《もりおうがい》は、近代人の苦悩《くのう》をえがきました。鷗外《おうがい》は軍医《ぐんい》でもあり、中也《ちゅうや》の父謙助《けんすけ》の軍医《ぐんい》学校の校長をつとめていた人です。

そんな中、詩は新しい文学として誕生《たんじょう》し、島崎藤村《しまざきとうそん》などが抒情《じょじょう》あふれる詩を生み出しました。文芸雑誌《ぶんげいざっし》「明星《みょうじょう》」「スバル」などに石川啄木《いしかわたくぼく》や北原白秋《きたはらはくしゅう》が作品を発表して詩が広まっていった時期に、中也《ちゅうや》は生まれました。

1910年、韓国併合《かんこくへいごう》に喜《よろこ》ぶ人々《ひとびと》がちょうちん行列をおこなうようす。
（提供：毎日新聞社）

フランス象徴主義《しょうちょうしゅぎ》の代表的《だいひょうてき》詩人　1844-1896年

ポール・ヴェルレーヌ

10代半ばで詩に没頭《ぼっとう》し、20代はじめに詩集を出版《しゅっぱん》して評価《ひょうか》を得《え》ます。ランボーと出会うと2人で破《は》滅的《めつてき》な生活を送り、やがてランボーに銃《じゅう》でけがを負わせて懲役刑《ちょうえきけい》を受けました。出所後は詩作、評論《ひょうろん》に活《かつ》躍《やく》。心の内面を象徴的《しょうちょうてき》に表現《ひょうげん》する象徴主義《しょうちょうしゅぎ》の詩を発表して「詩王」と呼《よ》ばれ、中也《ちゅうや》にも深い影響《えいきょう》をあたえました。

中也《ちゅうや》を魅了《みりょう》した天才詩人　1854-1891年

アルチュール・ランボー

北フランスに生まれ、10代半ばで文学にのめりこむ反逆児《はんぎゃくじ》となり、家出をくりかえしました。詩「酔《よ》いどれ船」などで注目され、ヴェルレーヌと2人で外国を放浪《ほうろう》した末《すえ》、銃《じゅう》で撃《う》たれて決別《けつべつ》します。このころまとめた詩集『地獄《じごく》の季節《きせつ》』は傑作《けっさく》として知られます。その後詩を捨《す》て、貿易《ぼうえき》商人として世界各地《かくち》をまわりました。中也《ちゅうや》はランボーの詩を愛《あい》し、翻訳《ほんやく》を手がけました。

かしこくほがらかな妻《つま》と、幼《おさな》くして亡《な》くなった子どもたち

1913-2003年（孝子《たかこ》）1934-1936年（文也《ふみや》）1936-1938年（愛雅《よしまさ》）

孝子《たかこ》・文也《ふみや》・愛雅《よしまさ》

中也《ちゅうや》は26歳《さい》のとき、母フクのすすめで遠い親戚《しんせき》の上野孝子《うえのたかこ》とお見合い結婚《けっこん》をしました。孝子《たかこ》は中也《ちゅうや》より6歳《さい》年下の明るい女性《じょせい》で、中也《ちゅうや》が怒《おこ》っても、孝子《たかこ》は大笑《おおわら》いしてみせて上手に気分を変《か》えさせてしまいました。そんな孝子《たかこ》が目の病気にかかると、中也《ちゅうや》は手を引いて病院につれて行くなど大切にしました。

1934年に長男文也《ふみや》が誕生《たんじょう》。中也《ちゅうや》は文也《ふみや》を溺愛《できあい》しましたが、文也《ふみや》は2歳《さい》の時に小児結核《しょうにけっかく》で亡《な》くなります。中也《ちゅうや》は深い悲しみの中で「文也《ふみや》の一生」を書きつづりました。文也《ふみや》の死の直後に次男の愛雅《よしまさ》が生まれましたが、中也《ちゅうや》はその後1年たたずに亡《な》くなり、中也《ちゅうや》の死の3か月後には愛《よし》雅《まさ》も1歳《さい》で亡《な》くなりました。

芸術《げいじゅつ》への情熱《じょうねつ》を分かち合った仲間《なかま》

1902-1980年

河上徹太郎《かわかみてつたろう》

高校のころからピアノ、文学に熱中《ねっちゅう》した河上《かわかみ》は、東京帝国《とうきょうていこく》大学在学中《ざいがくちゅう》に音楽評論《ひょうろん》などを書きはじめました。大学卒業後《そつぎょうご》、中学時代の友人の小林秀雄《こばやしひでお》を通じて中也《ちゅうや》とつきあうようになり、音楽家の諸井三郎《もろいさぶろう》を中也《ちゅうや》に紹介《しょうかい》しました。その後、評論《ひょうろん》の対象《たいしょう》を文芸《ぶんげい》全般《ぜんぱん》に広げ、小林《こばやし》とならぶ文芸《ぶんげい》評論《ひょうろん》の担《にな》い手となりました。

中也《ちゅうや》を助けた温和な友

1908-1992年

安原喜弘《やすはらよしひろ》

高校在学中《ざいがくちゅう》に同級生の大岡昇平《おおおかしょうへい》の紹介《しょうかい》で中也《ちゅうや》と知り合った安原《やすはら》は、中也《ちゅうや》らと『白痴群《はくちぐん》』で活動しました。おだやかな人柄《ひとがら》で、けんかの仲裁《ちゅうさい》をするなど中也《ちゅうや》と周囲《しゅうい》との対立をやわらげ、雑誌廃刊後《ざっしはいかんご》も親しい関係《かんけい》を保《たも》ちました。中也《ちゅうや》も安原《やすはら》を信頼《しんらい》し、生涯《しょうがい》で100通以上《いじょう》の手紙を書き送り、中也《ちゅうや》の死後、安原《やすはら》はこれらの手紙をもとに中也《ちゅうや》の評伝《ひょうでん》をまとめました。

文学の手引きをした親友　1901-1925年

富永太郎《とみながたろう》

東京《とうきょう》に生まれ、仙台《せんだい》の高校でフランス文学に熱中《ねっちゅう》した富永《とみなが》は、恋愛事《れんあいじ》件《けん》を起こして退学《たいがく》すると、外国語や絵画を学び上海《シャンハイ》でくらした後、京都《きょうと》で中也《ちゅうや》と出会いました。中也《ちゅうや》と親しくつきあい、フランス詩をはじめ文学や芸術《げいじゅつ》について多くの知識《ちしき》をもたらしました。病気のため京都《きょうと》をはなれ、療養《りょうよう》しながら詩を書きつづけましたが、24歳《さい》で亡《な》くなりました。

中也《ちゅうや》の評伝《ひょうでん》をまとめた文学仲間《なかま》　1909-1988年

大岡昇平《おおおかしょうへい》

東京《とうきょう》の成城《せいじょう》高校在学中《ざいがくちゅう》に中也《ちゅうや》と知り合った大岡《おおおか》は、中也《ちゅうや》とはなぐりあいのけんかもするような遠慮《えんりょ》のない関係《かんけい》でした。京都《きょうと》大学を卒業《そつぎょう》し、会社につとめながら評論《ひょうろん》などを書いていましたが、太平洋戦争《せんそう》に従軍《じゅうぐん》後、その体験《たいけん》をえがいた『俘虜記《ふりょき》』『野《の》火《び》』などの小説《しょうせつ》を書き、戦後《せんご》を代表する作家となりました。中也《ちゅうや》や富永《とみなが》太郎《たろう》の評伝《ひょうでん》も手がけています。

「奇怪《きかい》な三角関係《かんけい》」になった親友

1902-1983年

小林秀雄《こばやしひでお》

東京《とうきょう》に生まれ、府立《ふりつ》一中、一高に進学、早くから小説《しょうせつ》や評論《ひょうろん》を雑誌《ざっし》に発表。東京帝国《とうきょうていこく》大学（現在《げんざい》の東京《とうきょう》大学）でフランス文学を学んでいるとき、友人の富永太郎《とみながたろう》を通じて中也《ちゅうや》と知り合いました。初対面《はつたいめん》の中也《ちゅうや》に「魅力《みりょく》と嫌悪《けんお》とを同時に感じた」という小林《こばやし》は、中也《ちゅうや》と親しくつきあううちに中也《ちゅうや》の恋人《こいびと》だった長谷川泰子《はせがわやすこ》と恋《こい》に落ちます。泰子《やすこ》との生活は長つづきせず、中也《ちゅうや》とは交流を持ちつづけましたが、この三角関係《かんけい》は小林《こばやし》に深い悔《く》いを残《のこ》しました。

その後は中也《ちゅうや》の作品の紹介《しょうかい》、批評中也《ひひょうちゅうや》を後押《あとお》ししたほか、活躍《かつやく》の場を広げて『無常《むじょう》といふ《う》事《こと》』などのすぐれた評論《ひょうろん》を多数執筆《しっぴつ》。晩年《ばんねん》に文化勲章《くんしょう》を受章するなど、日本を代表する評論家《ひょうろんか》となりました。

生涯《しょうがい》の「恋人《こいびと》」　1904-1993年

長谷川泰子《はせがわやすこ》

　広島《ひろしま》に生まれ、女学校を卒業後《そつぎょうご》に東京《とうきょう》へ出た泰子《やすこ》は、関東大震災《かんとうだいしんさい》にあって京都《きょうと》へ移《うつ》り、劇団《げきだん》の俳優《はいゆう》として活動。そこで学生だった中也《ちゅうや》と出会い、ともに東京《とうきょう》へ移《うつ》り住みました。その後中也《ちゅうや》と別《わか》れて小林《こばやし》秀雄《ひでお》とくらし、小林《こばやし》とも別《わか》れた後は演出家《えんしゅつか》との子どもを生んで未婚《みこん》の母となりますが、俳優《はいゆう》として活動をつづけました。中也《ちゅうや》のすすめで同人誌《どうじんし》に詩を発表したこともあり、作家の大岡昇平《おおおかしょうへい》や評論家《ひょうろんか》の青山《あおやま》二郎《じろう》とも交流を持ちました。中也《ちゅうや》が亡《な》くなる前年に実業家と結婚《けっこん》しましたが、中也《ちゅうや》は別《わか》れた後も泰子《やすこ》に思いを寄《よ》せ、泰子《やすこ》も中也《ちゅうや》から完全《かんぜん》にはなれることはなく、中也《ちゅうや》の死後、中也《ちゅうや》との日々《ひび》などを語った『ゆきてかへ《え》らぬ』を出版《しゅっぱん》しました。

教育熱心《ねっしん》な両親と、4歳《さい》で亡《な》くなった弟

1876-1928年（謙助《けんすけ》）1879-1980年（フク）1910-1915年（亜郎《つぐろう》）

謙助《けんすけ》・フク・亜郎《つぐろう》

中也《ちゅうや》の父、謙助《けんすけ》は山口県《やまぐちけん》の農家に生まれ、東京《とうきょう》で医学を学び軍医《ぐんい》となりました。となりの島根県《しまねけん》出身の文豪《ぶんごう》、森鷗外《もりおうがい》は軍医《ぐんい》学校時代の校長で、卒業《そつぎょう》後も交流があり、謙助《けんすけ》も小説《しょうせつ》や短歌などを書きました。フクは武士《ぶし》の家系《かけい》の中原家《なかはらけ》に生まれ、父親が亡《な》くなると病院を経営《けいえい》する叔父《おじ》の養女《ようじょ》となりました。謙助《けんすけ》はフクとの結婚《けっこん》後、フクの養父《ようふ》の病院をつぎます。家庭では長男中也《ちゅうや》の教育に力を入れ、規則《きそく》を守ることを徹底《てってい》させてきびしくしつけましたが、中也《ちゅうや》の中学落第以降《いこう》は仕送りをつづけました。

亜郎《つぐろう》（通称《つうしょう》は亜郎《あろう》）は中也《ちゅうや》が3歳《さい》のときに生まれた弟です。いっしょに幼稚園《ようちえん》に通い遊んだ仲《なか》のよい弟でしたが、4歳《さい》で病気によって亡《な》くなりました。亜郎《つぐろう》を追悼《ついとう》して書いた詩が、中也《ちゅうや》の詩作の出発点になりました。

RELATIONSHIP CHART ✴ NAKAHARA CHUYA

中原中也《なかはらちゅうや》とかかわった人々《ひとびと》

お酒を飲むとよくからんだ

証人《しょうにん》 **太宰治**《だざいおさむ》（小説家《しょうせつか》）

※代理人 檀一雄《だんかずお》（小説家《しょうせつか》）

中也《ちゅうや》を尊敬《そんけい》していた太宰《だざい》が、初対面《はつたいめん》の中也《ちゅうや》とお酒を飲みはじめたところ、中也《ちゅうや》は…。

▼ **証言**《しょうげん》

「『**何だ、おめえは。青鯖**《あおさば》**が空に浮**《う》**かんだような顔をしやがって。**全体、おめえは何の花が好《す》きだい?』太宰《だざい》は閉口《へいこう》して、泣《な》き出しそうな顔だった。（中略《ちゅうりゃく》）とぎれとぎれに太宰《だざい》は云《い》った。『モ、モ、ノ、ハ、ナ』（中略《ちゅうりゃく》）『チェッ、だからおめえは』」（檀一雄《だんかずお》『小説《しょうせつ》　太宰治《だざいおさむ》』より）

いきなりとびかかってきた！

証人《しょうにん》 **坂口安吾**《さかぐちあんご》（小説家《しょうせつか》）

安吾《あんご》に夢中《むちゅう》になっている若《わか》い女の子を好《す》きになってしまった中也《ちゅうや》は…。

▼ **証言**《しょうげん》

「ある日、私《わたし》が友達《ともだち》と飲んでゐ《い》ると、**ヤイ、アンゴと叫**《さけ》**んで、私**《わたし》**にとびかゝつ**《かっ》**た。**とびかゝつ《かっ》たとはい《う》ふものの、実は二三米《メートル》離《はな》れてを《お》り、彼《かれ》は髪《かみ》ふりみだして（中略《ちゅうりゃく》）影《かげ》に向って乱闘《らんとう》してゐ《い》る。」（「二十七歳《さい》」より）

笑《わら》い出した安吾《あんご》は中也《ちゅうや》を飲みに誘《さそ》い、その後2人は親友になったとのこと。

中也《ちゅうや》の生前唯一《ゆいいつ》の詩集『山羊《やぎ》の歌《うた》』を出版《しゅっぱん》するとき…。

▼ **証言**《しょうげん》

「印刷屋《いんさつや》は、美鳳社《びほうしゃ》という、職人気質《しょくにんかたぎ》の主人が一人でやっている店であった。（中略《ちゅうりゃく》）校正は七校までとった。中原《なかはら》はたいへん綿密《めんみつ》であった。用紙、活字、組み、彼《かれ》は細心の注意をもって当った。（中略《ちゅうりゃく》）なにかが体の底《そこ》から沸騰《ふっとう》してくるような感じであった。」（『中原中也《なかはらちゅうや》の手紙』より）

詩集出版《しゅっぱん》へのこだわり

証人《しょうにん》 **安原喜弘**《やすはらよしひろ》（文筆家）

友から見た中也《ちゅうや》

数多くの文学仲間《なかま》や友人がいた中也《ちゅうや》。
中也《ちゅうや》の強烈《きょうれつ》な個性《こせい》をはなつ言動やふるまい、性格《せいかく》に対して、
彼《かれ》らはさまざまな証言《しょうげん》をのこしています。

人の心の動きに敏感《びんかん》だった

証人《しょうにん》 **小林秀雄《こばやしひでお》**（評論家《ひょうろんか》）

長谷川泰子《はせがわやすこ》をめぐる中也《ちゅうや》との関係《かんけい》に苦しんだ小林《こばやし》。別《べつ》の相手と結婚《けっこん》した後も、中也《ちゅうや》への罪悪感《ざいあくかん》や後悔《こうかい》がのこりました。そんな小林《こばやし》が中也《ちゅうや》と花をながめていたときのこと。散《ち》る花の様子から恋《こい》のあやまちを連想《れんそう》し、いたたまれない気持ちになっていると…。

▼証言《しょうげん》

「黙《だま》って見ていた中原《なかはら》が、突然《とつぜん》『**もういいよ、帰ろうよ**』と言った。私《わたし》はハッとして立上がり、動揺《どうよう》する心の中で忙《せわ》し気に言葉を求《もと》めた。『お前は相変《あいか》わらずの千里眼《せんりがん》だよ』と私《わたし》は吐《は》き出す様に応《おう》じた。彼《かれ》は、いつもする道化《どうけ》た様な笑《わら》いをしてみせた。」（「中原中也《なかはらちゅうや》の思い出」より）

字がきれいで読みやすく、静《しず》かに歩いた

証人《しょうにん》 **大岡昇平《おおおかしょうへい》**（小説家《しょうせつか》・評論家《ひょうろんか》）

はちゃめちゃな言動の多かった中也《ちゅうや》に、意外な面が…。

▼証言《しょうげん》

「成年《せいねん》になってからも、彼《かれ》の筆は堅苦《かたくる》しいほどきちんとした手本的《てほんてき》な正確《せいかく》さを持っていて、それは彼《かれ》の無雑作《むぞうさ》なボヘミアン風の生活態度《たいど》と奇妙《きみょう》な対照《たいしょう》をなしていた。」「体重の関係《かんけい》で成人《せいじん》しても子供《こども》のようにひそやかだった彼《かれ》の跫音《あしおと》」（『中原中也《なかはらちゅうや》』より）

6 フランス語を学び 翻訳《ほんやく》を手がける

中《ちゅう》也《や》は17歳《さい》のときに富永太郎《とみながたろう》から教えられてフランスの詩を知ると、特《とく》にランボーやヴェルレーヌに熱中《ねっちゅう》しました。しかし、当時の日本語に訳《やく》された詩に満足《まんぞく》できなかった中也《ちゅうや》は自分で翻訳《ほんやく》をはじめ、語学学校や通信《つうしん》教育でフランス語を学ぶとともに、雑誌《ざっし》に翻訳《ほんやく》を発表するようになりました。

フランスにあこがれ、部屋にはヴェルレーヌの写真をかざっていた中也《ちゅうや》。亡《な》くなった年に、鎌倉《かまくら》で日記帳として使っていたのは、フランスの百貨店《ひゃっかてん》ボン・マルシェのノートでした。

5 一人の女性《じょせい》を思いつづける

長《は》谷川《せがわ》泰子《やすこ》は、中也《ちゅうや》が一生思いつづけた心の恋人《こいびと》でした。泰子《やすこ》への思いを託《たく》した恋愛詩《れんあいし》もたくさん書いています。「無題《むだい》」という詩は泰子《やすこ》と別《わか》れた後に書かれた詩で、「私《わたし》はおまへ《え》を愛《あい》してゐ《い》るよ、精一杯《せいいっぱい》だよ。」と、限《かぎ》りない愛《あい》がかざりのないことばでつづられますが、この詩は泰子《やすこ》個人《こじん》への愛《あい》を越《こ》えて、普遍的《ふへんてき》な愛《あい》を表現《ひょうげん》しているとも考えられています。泰子《やすこ》は中也《ちゅうや》にとって現実《げんじつ》の恋愛《れんあい》の対象《たいしょう》であったと同時に、愛《あい》の象《しょう》徴《ちょう》として詩の源《みなもと》にもなった、かけがえのない存在《そんざい》だったのです。

4

恋敵《こいがたき》とも文学を通じて つきあいつづける

親友の小林秀雄《こばやしひでお》に、恋人《こいびと》の長谷川泰子《はせがわやすこ》をうばわれる形になってしまった中也《ちゅうや》。泰子《やすこ》の荷物を届《とど》けに小林《こばやし》の家に行った中也《ちゅうや》は、そのとき小林《こばやし》がひどくうつむいていることに気づき、「上がれよ」と言われるままに家に上がって、話をしたといいます。

文学の話をするときは、思ったことをずばずばと言い、けんかをした中也《ちゅうや》でしたが、小林《こばやし》とは一時絶交《ぜっこう》状態《じょうたい》になったものの、最後《さいご》まで友人として、文学者として信頼《しんらい》を寄《よ》せました。

3 親しくなると相手の家の近くに引っ越《こ》す！

中也《ちゅうや》は、いわゆる「引っ越《こ》し魔《ま》」でした。16歳《さい》で京都《きょうと》に住みはじめてから亡《な》くなるまでの間に、26回も引っ越《こ》しをしています。中也《ちゅうや》には、だれかと仲《なか》よくなるとその人の家の近くに引っ越《こ》すというくせがあったのです。富永太郎《とみながたろう》や小林秀雄《こばやしひでお》と知り合ったときも、すぐ近くに引っ越《こ》しています。

長谷川泰子《はせがわやすこ》は「これはと思いこむと、そばへそばへと行って、根つめてつきあう」のが中也《ちゅうや》の友だちづきあいのスタイルだったと述《の》べています。毎日のように会って語り合い、夜中までいっしょに語り合ったのに、次の日の日中にまたたずねて行くこともあったといいます。

2 流れるように自然《しぜん》で なめらかなことばの響《ひび》き

中《ちゅう》也《や》の詩の大きな特徴《とくちょう》として、リズムのよさがあげられます。よく知られている中也《ちゅうや》の詩「サーカス」は、「幾時代《いくじだい》かがありまして／茶色い戦争《せんそう》ありました／幾時代《いくじだい》かがありまして／冬は疾風《しっぷう》吹《ふ》きました」とはじまります。声に出して読んでみると、ことばがリズムに乗って、歌うように読めるでしょう。

「頑是《がんぜ》ない歌」のはじめの「思へ《え》ば遠く来たもんだ」という表《ひょう》現《げん》などは、中也《ちゅうや》の詩の一部だと知らない人にも、広く口ずさまれています。中也《ちゅうや》のことばには、多くの人にしっくりとなじむ自然《しぜん》で心地よいやわらかさがあるのです。

OH! AMAZING! ✷ NAKAHARA CHUYA

ここがすごい！ 中原中也《なかはらちゅうや》

1 「詩をつくる」ことが生きること

家の期待を背負《せお》っていた長男の中也《ちゅうや》には、実家からの仕送りで生活し、経済的《けいざいてき》に自立していないことに後ろめたさもあったでしょう。それでも、中也《ちゅうや》は純粋《じゅんすい》に詩人として生きることに妥協《だきょう》しませんでした。中也《ちゅうや》は「生活が終る所に、芸術《げいじゅつ》があります」と日記につづっています。中也《ちゅうや》にとってお金を得《え》るため、あるいは人とつきあうために、自分をいつわることの多い一般的《いっぱんてき》な「生活」は、詩と両立するものではありませんでした。詩をつくることが生活、人生のすべてだと考え、生き方をそのまま詩にあらわしたのです。

Q10 答え **2**

泰子《やすこ》が子どもを生んだとき、子どもの父親が結婚《けっこん》しようとしなかったため、中也《ちゅうや》は父親にかわって泰子《やすこ》の子どもに名前をつけ、面倒《めんどう》をみました。予防接種《よぼうせっしゅ》を受けさせるように、傷《きず》にはこういう薬をつけてあげるように、などと手紙で泰子《やすこ》にこまごまアドバイスし、子守もこころよく引き受けました。

Q11 答え **3**

『山羊《やぎ》の歌《うた》』は中也《ちゅうや》のはじめての詩集であり、生前に出版《しゅっぱん》された唯一《ゆいいつ》の詩集でもあります。「朝《あさ》の歌《うた》」「サーカス」「汚《よご》れつ《っ》ちまつ《っ》た悲しみに……」など44篇《へん》の詩がおさめられ、生きること、愛《あい》することの苦しみや悲しみが、歌うような調子で表現《ひょうげん》されています。

Q12 答え **1**

文也《ふみや》が猫以外《ねこいがい》の動物もみな「にやあ（猫《ねこ》）」と呼《よ》んだことは、日記に残《のこ》された「文也《ふみや》の一生」や、詩「また来ん春……」に書かれています。文也《ふみや》の死の直後に生まれた愛雅《よしまさ》には健康《けんこう》で長生きをしてほしいと願《ねが》い、愛雅《よしまさ》がよく太っていると医者にほめられてうれしかったことを友人に手紙で書き送っています。

Q13 答え **2**

『在《あ》りし日《ひ》の歌《うた》』の「後記」に「私《わたし》は今、此《こ》の詩集の原《げん》稿《こう》をまとめ、友人小 林 秀雄《こばやしひでお》に托《たく》し、（中略《ちゅうりゃく》） 郷里《きょうり》に引《ひき》籠《こも》る」と書かれているとおり、中也《ちゅうや》は尊敬《そんけい》し信頼《しんらい》する文学の友である小林《こばやし》に原稿《げんこう》をあずけました。そしてその翌月《よくげつ》に、中也《ちゅうや》は亡《な》くなりました。

Q14 答え **1**

中 也《ちゅうや》は日記に「世界に詩人はまだ三人しかを《お》らぬ。／ヴヱ《エ》ルレエヌ／ラムボオ／ラフォルグ／ほんとだ！三人きり。」と書いているほど、フランスの詩を圧倒的《あっとうてき》なものと感じていました。中でも好《す》きだったのはランボー。生きることと詩とは一体のもの、という中也《ちゅうや》の信念《しんねん》には、ランボーの影響《えいきょう》もあったのでしょう。

Q5
答え
3

ダダイズムは、第一次世界大戦《たいせん》のころヨーロッパ、アメリカで広まった芸術《げいじゅつ》運動です。伝統《でんとう》や形式、道徳《どうとく》に反抗《はんこう》し、自由な芸術《げいじゅつ》や生き方を求《もと》めました。「ダダ」は「馬」を意味するフランス語の幼児《ようじ》ことばで、芸術《げいじゅつ》家《か》たちが適当《てきとう》にひらいた辞書《じしょ》の1ページからつけた名だと言われます。

Q6
答え
1

泰子《やすこ》は19歳《さい》のとき、吟遊《ぎんゆう》詩人の永井叔《ながいよし》について故《こ》郷《きょう》広島《ひろしま》を飛《と》び出し東京《とうきょう》へ向かい、俳優《はいゆう》をめざしました。無邪気《むじゃき》で大胆《だいたん》、自由な女性《じょせい》だったといいます。中《ちゅう》也《や》、小林秀雄《こばやしひでお》と別《わか》れた後、俳優《はいゆう》として活動しながら、シングルマザーとして子どもを育てるなど、強い女性《じょせい》でもありました。

Q7
答え
3

京都《きょうと》の学生となった中也《ちゅうや》は、冨倉徳次郎《とみくらとくじろう》、正岡忠三《まさおかちゅうざぶ》郎《ろう》ら京都《きょうと》大学の学生や、正岡《まさおか》の中学時代の先輩《せんぱい》、富《とみ》永太郎《ながたろう》といった年上の友人たちと親しくつきあいました。知識《ちしき》の豊富《ほうふ》な大学生への対抗意識《たいこういしき》から中也《ちゅうや》は彼《かれ》らをからかう一方、友人たちは自分のことをダダイストと名乗る中也《ちゅうや》を「ダダさん」と呼《よ》びました。

Q8
答え
2

「朝《あさ》の歌《うた》」は、日本の古いことばや、五・七調という詩歌のリズムを用い、4行を2連《れん》、3行を2連《れん》で構成《こうせい》するソネットという西洋の詩の形式を巧《たく》みに生かした詩です。「朝」をテーマにしながら失《うしな》われたものを思うむなしさ、悲しみを表現《ひょうげん》し、中也《ちゅうや》が独自《どくじ》の詩の作風を切りひらいた重要《じゅうよう》な作品です。

Q9
答え
1

はじめて活字になった「朝《あさ》の歌《うた》」には曲がつけられたため「歌詞《かし》」として発表され、音楽団体《だんたい》「スルヤ」の機《き》関誌《かんし》に掲載《けいさい》されました。音楽に関心《かんしん》の深かった中也《ちゅうや》は、スルヤの会合に毎回参加《さんか》していろいろな音楽を聴《き》きました。詩の中にも「バッハ」「モツアルト」「ヂャズ」などのことばが出てきます。

クイズでわかる！ 中原中也《なかはらちゅうや》

答えと解説《かいせつ》

Q1

答え

1

中也《ちゅうや》の父は若《わか》いころは軍医《ぐんい》で、国内外を転々《てんてん》としました。中也《ちゅうや》が8歳《さい》のときに妻《つま》フクの養父母《ようふぼ》の中原家《なかはらけ》の養子《ようし》になって、中原《なかはら》医院をつぎました。専門《せんもん》の外科以外《いがい》にも歯科や眼科《がんか》の診療《しんりょう》もおこない、患者《かんじゃ》の家庭や地域《ちいき》の問題の相談にも乗るなど、人々《ひとびと》につくしました。

Q2

答え

2

中也《ちゅうや》には、亜郎《つぐろう》（通称《つうしょう》は亜郎《あろう》）、恰三《こうぞう》、思郎《しろう》、呉郎《ごろう》、拾《じゅう》郎《ろう》の5人の弟がいました。3歳下《さいした》の亜郎《つぐろう》は中也《ちゅうや》の幼稚《ようち》園《えん》について行って帰ろうとしなかったため、特別《とくべつ》に許《ゆる》されていっしょに通園したほど中也《ちゅうや》が大好《だいす》き。この亜《つぐ》郎《ろう》が亡《な》くなったときに中也《ちゅうや》ははじめて詩を書きました。恰三《こうぞう》が19歳《さい》で亡《な》くなったときも、中也《ちゅうや》は「死別《しべつ》の翌日《よくじつ》」などの詩でその死を悼《いた》みました。

Q3

答え

2

小学6年生の冬、雑誌《ざっし》「婦人画報《ふじんがほう》」に投稿《とうこう》した短歌「筆とりて手習《てならい》させし我《わが》母は今は我《われ》より拙《つたな》しと云《い》ふ」が掲《けい》載《さい》されたのが最初《さいしょ》です。自分に習字を教えてくれた母が、今は自分より下手だ、つまり中也《ちゅうや》のほうが上手だと言ってくれる、という意味の歌です。

Q4

答え

2

弁論部《べんろんぶ》に入部した中也《ちゅうや》の弁論《べんろん》の特徴《とくちょう》は、早口でまくしたてて相手の感情《かんじょう》を刺激《しげき》するといったものでした。歌会などでも、相手が権威《けんい》のある人であってもひるまず意見をぶつけて、会場をわかせたといいます。また、弁論部《べんろんぶ》には短歌をつくる先輩《せんぱい》がいて、合同歌集『末黒野《すぐろの》』に加《くわ》わるきっかけにもなりました。

Q 12

中《ちゅう》也《や》の長男、文《ふみ》也《や》は動物のことをなんと呼《よ》んだ?

1. にやあ
2. わん
3. ぴよ

Q 13

中《ちゅう》也《や》が最後《さいご》の詩集『在《あ》りし日《ひ》の歌《うた》』の出版《しゅっぱん》を託《たく》したのは?

1. 生涯愛《しょうがいあい》した長谷川泰子《はせがわやすこ》
2. 恋敵《こいがたき》で友人の小林秀雄《こばやしひでお》
3. 仕送りをつづけた母フク

Q 14

中《ちゅう》也《や》が3冊《さつ》も翻訳《ほんやく》詩集を発表するほどに影響《えいきょう》を受けたフランス詩人は?

1. ランボー
2. ヴェルレーヌ
3. ボードレール

Q 9

中《ちゅう》也《や》の詩がはじめて活字として掲載《けいさい》されたのはどこ？

1. 音楽団体《だんたい》の機関誌《きかんし》
2. 故郷《こきょう》の山口《やまぐち》で発行された新聞
3. 文学仲間《なかま》と発行した同人誌《どうじんし》

Q 10

長谷川泰子《はせがわやすこ》の子どもに、中也《ちゅうや》が親身に世話をした内容《ないよう》は？

1. 自分の養子《ようし》にした
2. 名《な》付《づ》け親になった
3. けがの手当てをした

Q 11

中《ちゅう》也《や》がはじめて出版《しゅっぱん》した詩集のタイトルは？

1. 『春《はる》と修羅《しゅら》』
2. 『一握《いちあく》の砂《すな》』
3. 『山羊《やぎ》の歌《うた》』

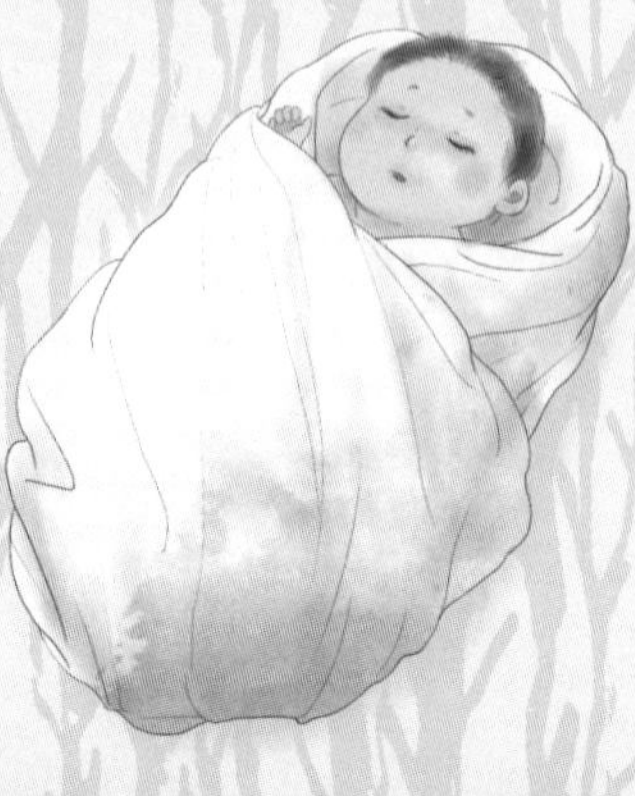

Q6

中《ちゅう》也《や》が愛《あい》した女性《じょせい》、長谷川泰子《はせがわやすこ》の職業《しょくぎょう》は？

1. 俳優《はいゆう》
2. 看護師《かんごし》
3. 教師《きょうし》

Q7

立命館《りつめいかん》中学時代の中《ちゅう》也《や》は、年上の文学仲《なか》間《ま》に何と呼《よ》ばれた？

1. 奇抜《きばつ》な詩の才能《さいのう》を持つ「キテレツくん」
2. 口が達者《たっしゃ》で生意気な「おしゃべり赤ちゃん」
3. 先進的《せんしんてき》なダダイズムにくわしい「ダダさん」

Q8

泰子《やすこ》と別《わか》れて約《やく》半年後に書かれた、中《ちゅう》也《や》の代表作は？

1. 「サーカス」
2. 「朝《あさ》の歌《うた》」
3. 「汚《よご》れつ《っ》ちまつ《っ》た悲しみに……」

Q3

中《ちゅう》也《や》の作品がはじめて雑誌《ざっし》や新聞に掲載《けいさい》されたのはいつ？

1. 小学4年生
2. 小学6年生
3. 中学2年生

Q4

中《ちゅう》也《や》が県立山口《やまぐち》中学校で入部した部活は？

1. 新聞部
2. 弁論部《べんろんぶ》
3. 美術部《びじゅつぶ》

Q5

中《ちゅう》也《や》が京都《きょうと》で出会った「ダダイズム」とはどんなもの？

1. 日本の伝統《でんとう》を大切にする運動
2. 戦時中《せんじちゅう》の体制《たいせい》を批判《ひはん》する運動
3. 従来《じゅうらい》の芸術《げいじゅつ》を否定《ひてい》し反抗《はんこう》する運動

Q AND A ✷ NAKAHARA CHUYA

クイズでわかる！ 中原中也《なかはらちゅうや》

Q1

中也《ちゅうや》の父、謙助《けんすけ》の職業《しょくぎょう》は？

1. 医者
2. 教師《きょうし》
3. 作家

Q2

中也《ちゅうや》がはじめて詩をつくったきっかけは？

1. 引っ越《こ》し
2. 家族の死
3. 初恋《はつこい》

中《なか》原《はら》中《ちゅう》也《や》のことばと人生

資料編《しりょうへん》

監修　中原豊 Nakahara Yutaka

1958年、山口県下関市生まれ。中原中也記念館館長。長崎大学教育学部助教授、中原中也記念館副館長(学芸担当)を経て、2009年4月より現職。主な共著書に『中原中也を読む』(笠間書院)など、研究論文に「＜さらさら＞の系譜ー「一つのメルヘン」論序説ー」(「キリスト教文学」13、1994)などがある。

● 編集　株式会社アルバ
● 装画・挿画　Rei
● イラスト　ミドロ
● 文　そらみつ企画
● 校正　ペーパーハウス
● 写真協力(掲載順)　毎日新聞社、アフロ、中原中也記念館、PIXTA、フォトライブラリー、Shutterstock、金沢ふるさと偉人館、アテネ・フランセ、KADOKAWA、集英社、実業之日本社、あすなろ書房、リットーミュージック、NHK出版、2025「ゆきてかへらぬ」製作委員会、キノフィルムズ

心を強くする!　ビジュアル伝記11

中原中也のことばと人生

2025年2月　第1刷

発行者　加藤裕樹
編集　柾屋洋子
発行所　株式会社ポプラ社
〒141-8210 東京都品川区西五反田3-5-8 JR目黒MARCビル12階
ホームページ www.poplar.co.jp
印刷・製本　中央精版印刷株式会社
装丁・本文デザイン　bookwall

ISBN978-4-591-18500-1 N.D.C.289／112p／19cm Printed in Japan

P7234011